The authentic method of managing time

世界中の研究から
導き出した
タイムマネジメントの結論36

ムダがなくなり、
すべてがうまくいく

本当の時間術

望月俊孝
Toshitaka Mochizuki

すばる舎

1時間の浪費をなんとも思わない人は、
人生の価値をまだ発見してはいない。

――― チャールズ・ロバート・ダーウィン（英・自然科学者）

A man who dares to waste one hour of time has not discovered the value of life.

- 大事な人生の時間をムダにしたくない方

- 自分の夢や目的がぼんやりしている方

- 「やるべきこと」の多さに、「やりたいこと」が犠牲になっている方

- 将来の準備をしたいのに、なかなか手がつけられない方

- スマホやSNSなどテクノロジーにハマり、
  大事なことに集中できない方

- 家族や仲間やコミュティなど、守りたい存在のある方

- 還暦を迎えたあとも、自分の可能性を追求したい方

- 幸せと成功、両方手に入れたい方

そんなあなたのための本です

はじめに

「本当の時間術」の世界へ

　この本は**最先端のエビデンスに裏打ちされた**「時間管理」「時間活用」の法則をお伝えしています。
　したがって「時間をもっと有効活用したい」と願う、すべての人のお役に立つことができます。

　しかし一方で、こうとも言えます。
「単なる時間管理・時間活用の本ではない」ということです。

　この本はあなたにとって、**「何のために生きるのか?」**という、人生の一番大切な質問に答えるための本となることでしょう。

　ここでひとつ、言葉をご紹介します。

「目的を持たない人生は、ただの時の浪費である」

　約2000年前、ローマ帝国の政治家であり、哲学者のセネカはそう言いました。

これは、「**目的を持たないで速く進むことは、最速で目的地から遠ざかること**」を意味します。

まさに、私の人生がそうでした。

今から30年前のこと、私は約6000万円の借金を負っていました。

無謀な起業と、不動産投資の失敗のためでした。

返済のために給与の安定したサラリーマンに戻り、昼夜兼行の生活を過ごしていました。

そんな折、結婚4年目の妻が息子を授かります。

しかし、切迫流産と診断され、生まれた息子はすぐに集中治療室に運ばれました。保育器で2か月間も過ごすことになったのです。

私たちが**最愛の息子に会えるのは1日1時間だけ。私は深く後悔しました。**妻の切迫流産の原因は、私が強いストレスを与えていたからです。

自分はいったい、何のためにがんばっているのだろうか？

そして思いました。

「大切なものを大切にできない生き方は、もうやめよう」

そこで、少しでも家族と時間を過ごすために、長男の退院後、会社に育児休暇を申請したのです。

とはいえ、1990年代初頭の話です。男性管理職が育児休暇を取得するなんて前代未聞のこと。

しかし、勇気を出して社長に伝えたところ、なんと2か月もの育児休暇をもらえたのです。

育児休暇中は精一杯、生まれたばかりの子どもとスキンシップを取りました。

本当に大切にしたいものを、大切にする

おそらく人生で初めての体験でした。毎日、心の底から喜びを感じられました。

しかし、2か月後に復職した私に、席はありませんでした。
休暇中に私の代理を見事に果たした部下が、そのまま私から引き継いだ仕事を続投することになったのです。

これは私に対する、実質的な解雇通告でした。

借金6000万円を抱えたまま、会社をクビになる。
しかも、生まれたばかりの子どもの育児のために働けない妻を抱えて……。

まさに絶望的な状況です。
でも、私は不思議と落ち込みませんでした。

その後、私は二度目の起業をし、大切な家族とお客様のために商品を提供することにしました。

「本当に大切にしたいものを大切にする」という選択をし続けたことで、信じられないようなエネルギーと情熱がわいてきたのです。まるで生まれ変わったようでした。

仕事でどれだけ断られても、自然と前進していく自分がいました。

気がつけば、それから1年で借金6000万円を完済できました。

それから30年間、私はこの選択を貫いて、ビジネスも毎年成長を重ねてきました。

そして、未熟児で生まれた息子は元気に育ち、今は私の会社を引き継いでくれています。

あなたが人生で「本当に大切にしたいもの」は何ですか？
人生の時間をもっとそれに注げればいいと思いませんか？

本書はそんなお手伝いをするために書いた、まったく新しいタイムマネジメントの本です。

「時短する方法」のみを説く類書と異なり、あなたが「本当に大切したいものを大切できる人生」をゴールにしています。

過去の著作のなかで最大級の
論文・文献のリサーチから生まれた本

執筆にあたっては、**2つの「E」**を心がけました。

1つめは、**Episode（逸話）**です。
私が人生の転機で、どのように考え、行動したかを、いくつかリアルに書きました。

2つめは、**Evidence（学術的根拠）**です。
これまで30年間、約1億7000万円を自己投資して、各分野の第一人者から学んだことを余すことなく反映しました。

私は**これまで43冊、累計104万部の著書をお届けしてきましたが、本書は過去最大級の論文・文献のリサーチのもとで作成をしています。**信頼性・安全性・再現性には自信がありますので、安心してお読みください。

本書の具体的な内容をご紹介すると、

第1章では、あなたが時間術を学ぶ意義をお伝えします。
なぜ、わざわざ時間術を学ぶ必要があるか？　私たちの時間を奪うものの正体は何か？　そして、人生の最後で後悔しないための究極の時間術とは何か？
本章を読むだけで、類書にはない「時間術」の魅力がわかる

ことでしょう。

第2章では、「計画の立て方」「期限の定め方」「目標までのプロセスのつくり方」など、時間術の根幹とも言えるテーマをお伝えします。

なぜ、余裕があるはずの締め切りほど守れないか？　なぜ、目標達成の瞬間を鮮明にイメージしたのに行動が伴わないのか？　そして、最新科学で立証されたもっとも実行されやすい計画の立て方とは何か？

本章を読むだけで、あなたがやりたいことを遠慮せず全部やることができるスキルが身につきます。

第3章では、実際にどのように「行動」すればよいかをお伝えします。

毎日、目標に向かって進める人は何を意識しているか？　最短でスピーディに結果を得る人は何をしているか？　マルチタスクは本当に正しいのか？　そして、人生でたった1つだけやるべき努力とは何か？

本章を読むだけで、無理せず楽しく、時間をムダにしない最適な行動を取り続けるあなたになることができます。

第4章では、時間管理を語るうえで欠かせない「習慣化・ルーティン化」についてお伝えします。

価値ある時間を手にするために、習慣化は欠かせません。習慣化に本当に必要なただ1つのことは何か？　あなたのパフォーマンスを最大化させる朝と夜にやるべき習慣とは何か？　仕

011

事の効率を最大化させる1日はどのように送ればよいか？

　本章を読むだけで、どんなときでもブレない習慣の技術が手に入ります。

　第5章では、「成長と改善」についてお伝えします。

　先延ばしグセをどう乗り越えるか？　突然の不幸や、心の衝動や環境の変化にどう対処するか？　努力が日の目を見ない時期をどう過ごすか？　そして、あなたの過去の失敗を未来へのエネルギーに変える秘策をお伝えします。

　本章を読むだけで、どんな時代もオンリーワンの存在として、時間を味方につけ、輝けるあなたになれます。

　この本は、次のような方にお役に立てます。

・大事な人生の時間をムダにしたくない方
・自分の夢や目的がぼんやりしている方
・「やるべきこと」の多さに、「やりたいこと」が犠牲になっている方
・将来の準備をしたいのに、なかなか手がつけられない方
・スマホやSNSなどテクノロジーにハマり、大事なことに集中できない方
・家族や仲間やコミュティなど、守りたい存在のある方
・還暦を迎えたあとも、自分の可能性を追求したい方
・幸せと成功、両方手に入れたい方

　老若男女を問わず「もう絶対にムダな人生を送りたくない」

012

「時間を効果的に使いたい」「今の環境を抜け出したい」「このままでは終わりたくない」と思っているすべての方のお力になれると確信しています。

本書は頭から読む必要は一切ありません。まずは目次をパッと見てください。

各章でお伝えしたいテーマについて、**多くの方が誤解している時間活用法を【×】、本書で提案したい時間活用法を【○】で列挙しました。**

いずれも、私が人生をかけて磨いた言葉です。

あなたが真っ先に心に響いた言葉のテーマから、本文をお読みください。

たとえば……

自分らしい時間の使い方を見つけるには……
　×　他人の時間の使い方には関心を向けない
　○　他人の時間の使い方を徹底的に観察する

最高の権威から仕事の依頼があったら……
　×　ふたつ返事で答え、チャンスを広げる
　○　自分の才能を発揮できないなら断る

あなたの時間をもっとも奪うものは……

× 突然のお誘い

○ 自分のなかの不安の感情

何かを途中でやめることは……

× 最後の決断である

○ 何度やってもよい戦略である

期限を決めるときは……

× 「最短」を目指す

○ 「最適」を目指す

時間の経過に焦り、今の環境を飛び出したくなったら……

× 今すぐ心の声に従って飛び出す

○ 自分の年齢の一桁目が「9」に近いか確認する

「ToDoリスト」に書くべき項目は……

× 思い浮かんだものをすべて書き出す

○ 最大4つに絞る

時間が過ぎるのが早くて、むなしさを感じたときは……

× 他人から時間をもらう

○ 他人のために時間を使う

退屈で時間が長く感じられるときは……

× 退屈を紛らわせる

○　退屈を楽しむ

1年の後半に「今年も何もしなかったなぁ」と焦ったら……
×　今すぐ目標を立てて、年内残りの日数でがんばる
○　目標を立てるのは来年年始、それまでは整理をする

とくに「**この項目は印刷ミスで、○と×が逆じゃないの！？**」**と思ったものは、ぜひ読んでみてください。**それはきっとあなたの強い観念があるテーマであり、そこが変わると、次のステージへ進む大きなヒントになるはずです。

では、「**本当の時間術**」の世界を、楽しんでお読みください。

本書の特徴

①全項目○×形式

「やっていいコト」と「やってはいけないコト」がひと目でわかる！

②科学的エビデンスつき

スタンフォード大学、マサチューセッツ工科大学…etc.世界中のエキスパートが教えてくれる！

もくじ

ムダがなくなり、すべてがうまくいく
本当の時間術

世界中の研究から導き出した
タイムマネジメントの結論36

はじめに 「本当の時間術」の世界へ ────── 006

第1章
Time

本当に成果が出る「時間術」とは？

01 ────── 026
≫ 時間術を学ぶ真の目的とは……
✕ 短時間でより多くのことを「効率的」におこなうため
○ 本当に大切なことだけを「効果的」におこなうため

02 ────── 032
≫ 自分らしい時間の使い方を見つけるには……
✕ 他人の時間の使い方には関心を向けない
○ 他人の時間の使い方を徹底的に観察する

03 ────── 038
≫ 最高の権威から仕事の依頼があったら……
✕ ふたつ返事で答え、チャンスを広げる
○ 自分の才能を発揮できないなら断る

04 ────── 041
≫ あなたの時間をもっとも奪うものは……
✕ 突然のお誘い
○ 自分のなかの不安の感情

05 ———————————————— 047

» もっともしてほしくない時間の使い方は……

✗ 自信のない挑戦の前に、他人に頼ること

◯ 自信のない挑戦の前に、失敗したときの言い訳を探すこと

06 ———————————————— 051

» 何かを途中でやめることは……

✗ 最後の決断である

◯ 何度やってもよい戦略である

07 ———————————————— 055

» 今よりも自由な人生を送るためには……

✗ 責任と役割を避けること

◯ 責任と役割を自ら負うこと

第2章
Plan

価値ある時間を生み出す「計画」の立て方

08 ———————————————— 060

» 人生でやりたいことを全部やるには……

✗ あえて計画を立てないで、その場の流れに乗る

◯ 1つひとつのことに「計画」を立てる

09 ———————————————— 066

» 何かを成し遂げる一番よい方法は……

✗ 「機嫌」をよくすること

◯ 「期限」を決めること

10 —————————— 071

» やるべきか・やめるべきか悩んでいるときは……

✕ かかる「お金」の価格から考える
◯ かける「時間」の価値から考える

11 —————————— 074

» 期限を決めるときは……

✕ 「最短」を目指す
◯ 「最適」を目指す

12 —————————— 080

» 計画目標を書くときに、一緒に書くといいことは……

✕ 具体的な行動をどうするか？
◯ 進捗を誰に報告するか？

13 —————————— 085

» 時間の経過に焦り、今の環境を飛び出したくなったら……

✕ 今すぐ心の声に従って飛び出す
◯ 自分の年齢の一桁目が「9」に近いか確認する

第3章
Action

時間効率を最大化させる
「行動力」のつくり方

14 —————————— 090

» 最速で幸せに成功したいときは……

✕ 外発的動機でスタートする
◯ 内発的動機でスタートする

15 ——————————————— 093

» 人生をムダにしないために必要な努力とは……

✕ 取る資格を厳選すること
○ 視覚に入る情報を厳選すること

16 ——————————————— 097

» あなたの行動をもっとも促進してくれるものは……

✕ 目標達成後の報酬の想像
○ 毎日の積み重ねの確認

17 ——————————————— 102

» チャンスをつかんで成功する人の特徴は……

✕ ひらめきが多いこと
○ チャンスをつかむスピードが速いこと

18 ——————————————— 105

» 多くのタスクを素早く片づけたいときは……

✕ マルチタスクでおこなう
○ 1つひとつを集中しておこなう

19 ——————————————— 109

» あなたの行動力を劇的に向上させるには……

✕ マインドを変える
○ 環境を変える

20 ——————————————— 113

» 人生の成功者になる秘訣は……

✕ 早期リタイアをすること
○ 今の人生にもう1歩、積極的になること

第4章
Habit

「習慣化」で、時間を操る者になる

21 ——————————————— 118
» 時間を味方につける「習慣化」の極意とは……
✗ 一定の日数の間、ひたすら行動を繰り返すこと
◯ 過去に習慣化できた行動を振り返ってみること

22 ——————————————— 122
» 1日の習慣の実行で大切なことは……
✗ 調子に応じて柔軟におこなうこと
◯ 開始と終了の時間を守ること

23 ——————————————— 126
» 1日を制するために大事なものは……
✗ その日会った人の性格
◯ 1日の始まりの気分

24 ——————————————— 132
» 「ToDoリスト」に書くべき項目は……
✗ 思い浮かんだものをすべて書き出す
◯ 最大4つに絞る

25 ——————————————— 136
» 超一流のパフォーマンスのための1日の習慣とは……
✗ 休憩を取らず「仕事」をする
◯ 休憩も「仕事」と考える

26 — 142

» スマホ依存でこれ以上時間をムダにしたくないときは……

✗ やめたい時間は、時計以外の機能を使わないと決める
〇 やめたい時間は、別の部屋に置く

27 — 147

» 夜にしておきたい習慣とは……

✗ 昼間の反省をする時間をつくる
〇 幸せを味わう時間をつくる

第5章
Progress

時間と共に「成長」する自分へ

28 — 156

» 先延ばしグセを直したいときに最初にするべきことは……

✗ やるべき理由を書き出す
〇 身のまわりの空間の整理整頓

29 — 160

» 時間が過ぎるのが早くて、むなしさを感じたときは……

✗ 他人から時間をもらう
〇 他人のために時間を使う

30 — 164

» 退屈で時間が長く感じられるときは……

✗ 退屈を紛らわせる
〇 退屈を楽しむ

31 ——————————— 167

≫今この瞬間から幸せになるためには……

✕ 自分にご褒美をあげる
◯ 他者に与える

32 ——————————— 172

≫仕事や学業の憂鬱を減らしてくれるものは……

✕ 休んだあとのスッキリ感
◯ 次の休みへのワクワク感

33 ——————————— 174

≫テストや審査の振り返りをするベストタイミングは……

✕ 次の勉強の再開時
◯ テスト終了直後

34 ——————————— 177

≫1年の後半に「今年も何もしなかったなぁ」と焦ったら……

✕ 今すぐ目標を立てて、年内残りの日数でがんばる
◯ 目標を立てるのは来年年始、それまでは整理をする

35 ——————————— 180

≫もし人生でやりたいことを全部やったと思えたら……

✕ 過去の選りすぐりの思い出だけを回想する
◯ さらに新しい夢を探す

36 ——————————— 183

≫失敗体験を時間のムダにせず、未来につなげるには……

✕ 失敗したときの痛みを忘れないこと
◯ 心のなかで成功経験に書き替えること

あとがき 「本当の時間術」を学んだ先にあるもの ——————————— 196

参考文献 ——————————— 198

第 **1** 章

Time

本当に成果が出る「時間術」とは？

01 》時間術を学ぶ真の目的とは……

✕ 短時間でより多くのことを「効率的」におこなうため

◯ 本当に大切なことだけを「効果的」におこなうため

　時間の使い方は、うまいほうがいいに決まっています。でもまずはその前に「時間術を学ぶ意義」から見ていきましょう。

脳は「緊急性」と「重要性」を区別できない

「半額キャンペーン終了まで、あと10分。お急ぎください」

　ネットショッピングでこんなバナーが出てきたら、思わずクリックすることも多いですよね。たとえ普段は興味のない商品であっても。

　ジョンズ・ホプキンズ大学のジュマン准教授らは、2018年、興味深い研究を発表しました。
　参加者は商品レビューを5本書いたあと、提出後のご褒美を次の2つから選びます。

【候補A】チョコレート**5個**
【候補B】チョコレート**3個**

これは引っ掛け問題ではありません。

同じことをするならば、もちろんご褒美は多いほうがいいですよね。

参加者は当然、ほぼ全員が【候補A】を選びました。

研究チームは、条件を少し変えて、別の機会にも実験をしました。

【候補C】**24時間以内に提出**できたら、チョコレート**5個**
【候補D】**10分以内に提出**できたら、チョコレート**3個**

さて、どちらにしますか？

どう考えても、時間の余裕があり、ご褒美の量も多い【候補C】のほうがいい条件ですよね。

しかし、**実際は30％の参加者が【候補D】を選択**しました。「そんなバカな」と思いますよね。でも、事実です。

なぜ、こんな現象が起きるのでしょうか？

じつは、**私たちの脳は「緊急性」と「重要性」の区別が苦手**なのです。

そのため、**よく考えると損なことや不要なことであっても、「時間がありません、急いでください」と煽られると、無意識のうちにそちらを優先してしまう**のです。

このような悲しい習性を「**単純緊急性効果**」と呼びます。

027

いくら短時間で効率よく仕事をこなしても、【候補D】のように最終的には損をしてしまうのならば、意味がないですよね。

でも、**この実験には1つの希望があります。**
研究チームは【候補D】を選ぼうとした参加者に、

「締め切りが厳しいのに、ご褒美は少なくなるけど、本当にそちらでいいのですか？」

と念を押すと、選択を見直す参加者が続出しました。

私は、**これが時間術の意義**だと考えています。

「急ぎのようだけど、本当に自分はそれをやる必要があるのかな？」
「それをやることは、自分の人生の目的にどのようにつながるのかな？」
「そもそも自分の人生の目的って、何だったのだろう？」

こうした自分の人生の目的から、取るべき行動を自問し続けることが、真の時間とのつき合い方です。
これを頭の片隅に置きながら本書を読み、人生に活かしてください。それが「本当の時間術」の極意なのです。

028

時間術の源流
「アイビー・リー・メソッド」

ここで「**1日たった10分でできる、多くの人の人生が豊かになっている画期的な方法**」をご紹介しましょう。

この方法で1日のやるべきことが明確になり、タスクに追われる圧迫感からも解放されます。

これは、時間術の変わらぬ王道でもあります。

現在の時間術の源流に「**アイビー・リー・メソッド**」というものがあります。

1918年、当時のアメリカの鉄鋼王チャールズ・シュワブは、生産性コンサルタントのアイビー・リーから、次のようなアドバイスを受けました。

（1）1日の終わりに、明日達成すべき最重要なことを6つ書き出してください

（2）その6つの課題に、さらに順位をつけてください

（3）翌日出社したら、第1順位の課題から集中してこなしてください。それが終わるまでは、**第2順位以降のことには絶対に手をつけない**でください

（4）順位に従ってこなして、終わらなかったものは明日のリストに加えてください。

とてもシンプルですよね。シュワブはこれを忠実に実行し、

029

会社は急成長しました。

3か月後、シュワブからアイビー・リーに支払われた報酬は2万5000ドル（現在の貨幣価値で約6000万円相当）でした。

自分の目的にとって大切なものを最優先することは、これだけの価値があるのです。そして、それが100年に渡って一部に受け継がれ続けています。

自分を大切にした生き方は、尊敬と称賛を集める

「自分が大切にしたいものだけを最優先する」という生き方には一貫性があります。そして人間は、一貫性のある存在に尊敬と称賛を惜しみません。

かつて、スペインに「エル・ブジ」という大人気のレストランがありました。

店内の席は50席のみ。普通であれば各地に支店を広げるはずですが、料理長フェラン・アドリアはどれだけ依頼されても姉妹店はつくりませんでした。

それどころか、**毎年4月から10月までしか店を開けず、残りの月をすべて料理の研究・開発に注いでいました。**

毎シーズン、メニューを一新するので、同じ料理は二度と提供されないと言われるほどです。

「最高の料理を提供する」という目的を最優先して、それにふさわしい行動のみを選択したのです。

030

結果として、毎年、世界中から200万件の予約希望が届くようになりました。もちろん、すべての予約を受けることなどできません。そのため「世界一予約の取れないレストラン」とまで呼ばれていました。

　私たちは、絶え間ないスマホの通知や、周囲の人々の期待に反応し続けています。**人生の時間の大半を「他人」の重要事項への参加に費やしているのです。**もったいないですよね。
　自分が大切にしたいことを大切にする。本書は、そんな人生にあなたをナビゲートしていきます。

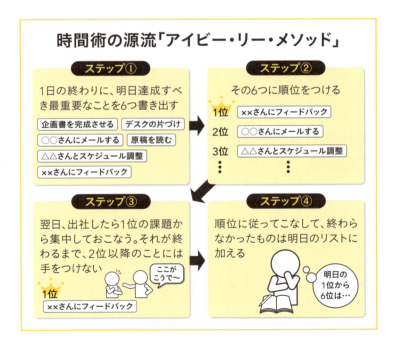

02 ≫自分らしい時間の使い方を見つけるには……

× 他人の時間の使い方には
　関心を向けない

○ 他人の時間の使い方を
　徹底的に観察する

　本書の目的は、時間術を通して、あなたらしい人生を実現していただくことです。
　とはいえ、「時間の使い方なんて人それぞれなのだから、他人の時間の使い方を学んで意味はあるの？」という声もあるでしょう。

　じつは**他人の時間術を徹底的に学ぶことこそが、あなたらしい人生の実現への最短距離になる**のです。

創造性は「模写」から生まれる

　2017年、東京大学は「創造性」に関する画期的な研究を発表しました。
　30名の学生を次の3グループに分けます。

【A】ほかの画家の抽象画を模写したあと、**オリジナルの作品を制作**してもらう
【B】ほかの画家の作品を一切見ずに、**すべての時間をオリジ**

ナル作品の制作にあてる

【C】ほかの画家の抽象画を模写したあと、その画家の作風を再現する作品を制作する

完成した作品は、美術の指導者たちにより厳密な採点がされました。

結果、**「創造性」や「技巧性」のいずれの点でも、模写したあとにオリジナルをつくった【A】の参加者が突出した成績を出していました。**

普通に考えれば、他者の作風から一切干渉されない【B】の参加者のほうが、創造性が高いものをつくれそうですよね。

なぜ、こんな現象が起きたのでしょうか？

人は他者の作品を模倣（もほう）するとき、自然に作者の制作意図を推測しようとします。

そして、その推測を通して、コリ固まった自分のパターンを見直すことができるのです。

模倣は、自力ではたどりつけない知識や知見を手に入れる社会的学習の王道なのです。

事実、多くの芸術家は「模写」を大切にしてきました。

独創性の代表のようなパブロ・ピカソも、徹底してフランスの画家ウジェーヌ・ドラクロワの模写をしていたと言われています。

033

時間の使い方のうまい他人を
真似しよう

時間の使い方についても、模倣は有効です。

2020年、ペンシルベニア大学ウォートン校の研究チームは、斬新な研究を発表しました。

もっと運動の時間をつくりたい1028名の参加者を、次の3グループに分けます。

【A】2日間、自分の生活に取り入れるつもりで、**運動が習慣化している知人の時間の使い方を観察したり、直接コツを取材する**

【B】2日間、**運動のモチベーションを高める戦略を勉強**してもらい、テストを受ける

【C】とくに**指示なし**

1週間後、参加者の運動時間を調査すると、**他者の時間の使い方をコピーしようとした【A】の参加者は、方法論を勉強した【B】の参加者よりも32分、何も工夫をしなかった【C】の参加者よりも55分も多く運動ができていました。**

一見すれば、自分で周囲の人を観察する【A】よりも、体系的な知識を学んだ【B】のほうが効果は高そうです。

でも、自分で観察対象を選んで積極的に学ぶことで、より自

分の課題にぴったりの答えが見つけやすくなります。

　また、実際に目標を達成している仲間から前向きな影響を受けることができるので、「やるぞ！」というコミットメントが高まるのです。

私自身も30年以上、多くの成功者の時間の使い方を観察し、取り入れてきました。

　例をあげると、次のようなものがあります。

**　ある日本を代表する経営コンサルタントの先生のスケジュールを見せていただき、大きく納得したことがあります。先生のスケジュールには必ず「執筆」という時間がコンスタントに入れられていました。**

　多忙な先生がセミナーやコンサルをこなしつつ、出版をされ続けている秘訣がわかりました。

　それまで「時間が空いたら本を書こう」と思っていた私は反省して、必ず前もって「執筆」の時間を確保するようにしました。そのおかげで継続的に執筆をすることができ、累計100万部を超える著者になることができました。

　ほかにも、私は30年間、数多くの成功者の方にアポ取りしてきました。

　そこでわかったのが、**成功者は時間を可能な限り「つめこむ」**ということです。

　もちろん、これは仕事中毒ということではなく、ある一定の日や週にやるべきことを集中させることで、それ以外に邪魔さ

035

れない余白時間をたくさん確保しているのです。

　現在の私は、**「やるべきこと」や「アポイント」はできる限り1日に集中させています。**

　ときには講義の合間の休憩時間に、ミーティングや教材収録をおこなうこともあります。

　一見あわただしく思えますが、時間の制限があることで、普段よりも集中力が高まります。

　そして、予定のない日は、自分が心からやりたいことや今後の種まきに使っています。

　本書は、私の長年にわたる時間の使い方の観察と実践を、最新の学術研究をふまえてまとめたものです。

「これはいいな！」と思ったものはどんどん真似して、日常に取り入れてください。

　そのなかで、**あなたのオンリーワンの時間の使い方**が見つかるはずです。

036

03 》最高の権威から仕事の依頼があったら……

✕ **ふたつ返事で答え、チャンスを広げる**

◯ **自分の才能を発揮できないなら断る**

　経営学の神様が教える生産性の極意、それは「捨てる勇気」でした。

「**フロー体験**」をご存じでしょうか。
　すべての心のエネルギーを「**今この瞬間に没頭した状態で注ぎ、驚くべきパフォーマンスが発揮できること**」です。
　この概念を提唱したのがミハイ・チクセントミハイ博士です。「日常生活における心理学において、20世紀最高の心理学者」と称されました。

　しかし、そんな**博士からの直々のインタビュー依頼に「NO！」を突きつけた人物がいました。**
　20世紀最高の心理学者からのインタビューを断ったのが**ピーター・ドラッカー**。いわずとしれた現代経営学の神様です。

　ドラッカーは、ミハイからの「創造性に関するインタビュー」を断ったのですが、その断りの返事の素晴らしさは、のちに伝説になりました。

才能は捨てる勇気から生まれる

　ドラッカーは、ただ断るだけでなく、じつはミハイの質問に
しっかりと答えていたのです。
　ドラッカーは、丁重な断り文句のあとで、このように述べて
います。

「私にとって生産性の秘訣とは（創造性はわかりませんが、生
産性は信じます）、特大のくずかごを用意し、すべてのこうし
た誘いを、そのなかに入れることなのです」

「これまでの経験から言って、生産性とは他人の仕事を助ける
ことではありません」

「天から与えられた才能を最大限に生かすべく、持てる時間の
すべてをそこに費やすことなのです」

　才能は、**徹底的な集中**から生まれます。
　ただ、私たちの目の前にはあまりにもやることが多すぎます。
　そして、さまざまな依頼や誘惑が、次々と目の前に飛び込ん
できます。
　それをいかに切り捨てるか。
　必要なのは「NOと言える勇気」です。

039

メリットの少なそうな誘いならば、断れます。

でもチャンスになるかもしれない、深いつながりができたら嬉しいなという人からの話なら、どんなことでも受けてしまうということが、あなたにはありませんか？

それほど深い関係でもなく、ワクワクすることでもなく、本当は時間もないし、ほかにもやるべきことがあるのに、ついつい「NO」と言えない人が多いのではないでしょうか？

あるいは「NO」と言えずに、ずるずる時間を先延ばししてしまうことも……。

それが、世界最高峰の権威からの仕事の依頼であったら……。

それでも、例外扱いせず切り捨てられるか？

このとき迷いを断ち切ってくれるのは「**本当に望むことがわかっているか否か**」でしょう。

まずは、本当に望むこと、大好きなことを見つけましょう。

それはあなたに「NO」と言える勇気、捨てる勇気を与えてくれますよ。

何か依頼があって迷ったときは、このドラッカーの言葉を思い出してみてくださいね。

04 ≫ あなたの時間をもっとも奪うものは……

✕ 突然のお誘い

◯ 自分のなかの不安の感情

「**時間がない**」

現代に生きる私たち共通の叫びです。

そして多くの場合、その原因は外側に求められます。突然難題を持ち込む職場の人間、急なお誘いをする友人、あるいは一生かかっても見きれないほどの娯楽コンテンツなどなど。

でも、**本当の原因はじつは私たちの内側にある**のです。

「不安」の知られざる 3つの脅威

時間管理の内なる最大の敵、それが自分のなかに隠れている「不安」です。

不安とは、将来の失敗や悪い評価に対する気がかりのことです。誰もが経験する感情ですが、じつは想像以上に私たちに悪影響を与えます。

脳は不安を覚えると、次のような反応を示します。

041

（1）注意力が散漫になり、1つの目標に集中しにくくなる

　仕事や勉強に不安を抱えているときは、好きな漫画や動画を見ても内容が頭に入ってきませんよね。

（2）認知能力が低下して、論理的な思考がしにくくなる

　エモリー大学のティム・モランは、人は不安でいっぱいのときは、課題をうまくやるための脳の**ワーキングメモリが約16.5％減少する**ことを発見しました。

（3）本来やるべき課題に注意が向かなくなり、代わりに脅威を煽るニュースや破滅的な考えに引き寄せられてしまう

　不安で脳が曇ると、何をやっても手がつきません。

「今これをやって意味があるのかな……」
「こんなことしている場合なのかな……」

　そんな迷いに気もそぞろになってしまい、時間だけが過ぎていきます。

　結局、何の成果も生まれず、残るのは深い自己嫌悪だけ。

　自分のなかに「不安」があるかぎり、どんな時間術もたちまち意味をなさなくなると言えますね。

　つまり、本当の時間術の第一歩は、現在の自分の「不安」を拭い去ることなのです。

不安なことの9割は
現実には起こらない

そこで、考えていただきたいことがあります。

不安に思っていることは、実際どれくらい現実に起きるのでしょうか？

2020年、ペンシルベニア大学のルーカス・S・ラフレニエールらは、全般性不安障害（GAD）のある学生29名と、こんな実験をしました。

参加者は、10日間、一定の合図に従い、そのときの心配ごとを書き出します。

10日間で集まった心配ごとは1人平均34.3個。なかには100個を超えている方もいました。

そして、それから1か月間、「書いた心配ごとが本当に起きたかどうか」を毎晩記録してもらいます。

結果は驚くべきものでした。

（1）書いた心配ごとの91.4％は実際に起きなかった
（2）実際に起きた心配ごとも、その30.1％が思ったほどでもなかった

さらに興味深いことが起きました。

毎晩、不安の検証をしていた学生たちは、その期間中にあった試験において、いつもより不安が減少傾向にあったのです。

　なぜ不安が減少傾向にあったのか？

　それは、不安に向き合ったことで、それを減少する努力（試験勉強）に取り組めたからでしょう。

　この研究を応用した不安解消法があります。

　それは「**クヨクヨタイム**」です。

　ク（9）ヨ（4）にかけて、次のようなステップでおこないます。

【ステップ1】

　1日のうちに9分間、思いきり不安になってみます。

　あらゆる心配ごとを考えて、それを紙に書き出してください。面白いことに人は「不安になって」と言われると、かえって不安になれないものです。

【ステップ2】

　1日の終わりに4分間、「不安として書いたことが現実に起きたのか」を検証してみます。

　もし起きた場合は、その規模が想定内だったかも検証します。

　このプロセスを繰り返すと、不安が頭を占めることが減っていきます。

　「また不安クンが何か話しているなぁ」くらいの感覚で、やり過ごすことができるようになります。

044

不安解消法「クヨクヨタイム」

ステップ①

9分間、思いきり不安になってみる

心配ごとをすべて
紙に書き出す

ステップ②

1日の終わりに「書いたことが現実に起きたのか」を検証する

ほとんど
起きない！

もし起きた場合は、その規模
が想定内だったかも検証

「どうしよう……」から
「こうしよう！」へ

　私も、人生で幾度となく不安と向き合ってきました。

　今でも思い出すのが、借金5000万円を抱えていたときに、心理カウンセラーの資格取得のためにハワイ留学を決意した場面です。

　留学のためには、さらに1000万円の借金を重ねる必要がありました。そのため、妻にこの決意を伝えるときは大きな不安に襲われました。離婚を宣告されても仕方がありません。

　でも、実際は私の熱意に大きな理解を示してくれました。

　いや、**それどころか「自分も一緒に留学したい！」とまで言ってくれたのです。**

045

まさに千万の味方を得た気持ちでした。

　大きな不安を乗り越えた私は、その自信を糧に、必死に返済計画を練りました。

　その結果、義理（妻）の父の支援や以前勤務していた会社のご縁があり、まもなく返済の道筋が見えて、自信をもってハワイに旅立つことができました。

　不安なときこそ、一歩踏み出してみましょう。

「どうしよう……」という迷いが、「こうしよう！」という希望に変わる経験は、かけがえのないあなたの人生の資産になるはずです。

05 》もっともしてほしくない時間の使い方は……

× 自信のない挑戦の前に、
他人に頼ること

○ 自信のない挑戦の前に、
失敗したときの言い訳を探すこと

「夢は逃げない。逃げるのはいつも自分」

　尊敬する実業家・近藤太香巳氏の名言です。
　これはまぎれもない真実です。人は、ちっぽけな自尊心を守るために、とんでもない時間の使い方をすることがあります。

　ここでは、私がただ1つ、あなたに「してほしくない」時間の使い方をご紹介します。

難しいテストや本番前に、余計なことを入れたくなる本当の理由

「進級テスト前日に遊んじゃったせいで、赤点だった」
「大事なプレゼン前日に徹夜で飲み会をして、散々な結果だった」

　ここまで極端でなくても、どこかで聞いたことがある弁解です。「大事なときに何をやっているの！？」と言いたくなりますよね。
　でも本人としては、「できなかったのは、本気を出せない状

況があったから。本当の実力はこんなものではないよ！」という感じで、自尊心が保てているのです。

　このように「難しいけれど大事な挑戦を前にしておじけづき、自分から障害を準備して、失敗しても仕方ない状況をつくり出す」現象を〝セルフ・ハンディキャッピング〟と呼びます。
　1990年、心理学者のスティーブン・ベルグラスとエドワード・ジョーンズが発表して、世界中で話題になりました。

　「セルフ・ハンディキャッピング」は実際、とても巧妙におこなわれます。
　たとえば、1つの重要な仕事から逃れたいために、わざと大量の雑事を請けたり、急に他人を手伝いはじめます。
　すると「直前に大量の仕事が来てしまったから、できなかった」という大義名分が立つのです。周囲の仲間も「働き者」の当人をそこまで責めることはできないでしょう。
　でも、本来するべきだったことをしなかった事実は疑いようがありません。

「勝者」「敗者」の前に、まず「勇者」を目指そう

　私は、人生の時間の使い方に正誤はないと考えます。
　一生を「遊び」や「恋愛」や「放浪」に費やすのも、それが心から望むことならば素敵だと思います。
　でも、**セルフ・ハンディキャッピングの時間だけは可能な限**

りなくすことをおすすめします。

セルフ・ハンディキャッピングには、ものごとが進捗しないほかに、重大な弊害があります。

2013年、東北大学の竹内光氏らの研究によれば、セルフ・ハンディキャッピングをやりがちな人は、脳の「帯状回」における局所灰白質の体積が大きくなっていました。
「帯状回」には、感情の反応を調節する役割があり、そこが大きくなるということは、感情を感じにくくなるということです。
自尊心のために弁解行動を繰り返すうちに、人間としての「感じる力」が徐々に抑えられていく——。これは怖いことだと思いませんか？

逆に言えば、あらゆる言い訳を断ち切って、やるべきことをやるべき期限までに淡々とこなせる方は、「勇者」とすら言えます。
もし、望んだ成果が手に入らなくとも、必ず次につながる「学び」を手に入れるはずです。
そして、「喜び」や「悔しさ」といった人間らしい感情を大いに味わえます。

「勝者」になることより、「勇者」を目指してみませんか？
それが結果的に、あなたを「勝者」に導きます。

そのための第一歩は、自分の弱さや不安を認めることです。

そして、アプローチを変えます。

負けたときの理由づくりを必死に考えるのではなく、そのエネルギー全部を、成果に向けて注ぎ込むのです。

1人でくじけそうなときは、遠慮なく誰かに相談してください。

今からのすべての時間を「本当にやるべきこと」に集中すると宣言すれば、多くの方が協力してくれるでしょう。

その先はどんな結果になろうとも、今までのちっぽけな自尊心を超えた「誇り」を感じることができるでしょう。

06 ≫ 何かを途中でやめることは……

 最後の決断である

◯ **何度やってもよい戦略である**

「**最後まであきらめない人が成功する**」

　昔から言われてきたことです。「ネバー・ギブアップ」のドラマは、多くの人の心を打ちます。

　でも現実には単に「引くに引けず」当初のやり方に固執して、泥沼にハマっている人もたくさんいます。

　夢を信じることは大切です。

　ただ、その**夢の実現のためには、「やる」こともよりも「やめる」ことが必要な場面があります。**

　本節では、知られざる「やめる力」について見ていきましょう。

「せっかくここまでやったのだから……」が生む不合理な選択

　「高かった食べ物は、たとえ一口目でまずいとわかっても、完食しようとする」

　「観始めてすぐに『ハズレ』だと感じた映画でも、映画館で観

ていたら、エンドロールまで抜けずに観続けてしまう」

　あなたも体験したことがあるかもしれません。
　このように、**すでに投入した時間やお金などのリソースをムダにしたくないという心理から、合理的ではない決定を続ける現象を「サンクコストの誤謬」と言います。**

　2018年、カーネギーメロン大学のクリストファー・オリヴォラは、こんな実験をしました。
　1230名の参加者に、パーティで次の2種類のケーキが提供されるという場面設定で、満腹状態でも食べ続けるのはどちらか聞きました。

【A】55分かかる遠方の店で買った75ドルの高いケーキ
【B】5分で行ける隣の店で買った15ドルの安いケーキ

　結果として、多くの参加者が選んだのは【A】の高いケーキでした。
　これは、ケーキを購入する手間をかけたのが自分ではなく、見知らぬ他者や同僚だという設定で聞いても、同じ結論が出ました。
　満腹ならば、それ以上は何も食べないのが普通です。むしろ健康のためには食べないことが賢明です。
　にもかかわらず、**「だって、買うまで大変だったのだから」という事情だけで、賢明でない選択をしてしまうのです。**

052

「サンクコストの誤謬」は、個人でも組織でも、長い目で見れば大きな損失を与えます。

有名な例は、超音速機「コンコルド」です。

1960年代よりイギリスとフランスが共同開発を進めていましたが、開発費は膨大なものでした。

そのため、開発当初より、たとえ運航が実現化しても永遠に採算が取れないことがわかっていました。

にもかかわらず、膨大な資金投資した手前、どちらも引くに引けません。

結果、なんと2003年まで運航は続いてしまいました。そして開発会社は莫大な損失を出して倒産してしまったのです。

「やめる」ための 2つの戦略

もちろん、何ごとも続けていくことで見えるものはあります。でも、**続ける理由が前向きなものではなく、「今さらやめられないから」だったら、ここはしっかり考え直してみましょう。**

登山であれば闇雲に今の道を進むだけでは、いずれ遭難してしまいます。むしろ、いったん続けているものをやめることで、あなたにとって正しい道が見えてくるのです。

プロギャンブラーの顔も持つ認知科学者アニー・デュークは、**「何かをやめることは、あなたの資源を解放し、本当に価値ある目標に集中する機会をくれるので、かえって当初の目標達成が早まる可能性がある」**と言います。

そして、「やめる」ための戦略を2つ提案しています。

【戦略①】事前に「やめる」基準を決めておく

人はいったんものごとが始まったあと、旗色が悪くなると、それまでの自分を正当化しようとします。そうなってからは、きわめてやめづらくなるのです。

【戦略②】「やめる」ことをサポートするコーチを持つ

私自身も、何かを始めるときは必ずテストをします。このテストの状況次第で素早く撤退するつもりでいます。

「やめる」ことを学ぶと、逆に「どうせ途中でやめるかもしれない」と新しい挑戦に後ろ向きになりそうですが、何ごともまずテストと考えれば、その心配はありませんよね。

やめることは後ろ指をさされる「敗北」ではなく、称賛されるべき「戦略」です。

さて、あなたは何をやめますか？

054

07 »今よりも自由な人生を送るためには……

× 責任と役割を避けること

○ 責任と役割を自ら負うこと

「**自由には責任がともなう**」

よく言われる言葉です。多くの方がこの言葉のために、自由を求めることをためらいます。

でも、私はこう考えています。

「**責任を自分から担う人は、自由な人生を楽しめる**」

自由時間は「2時間」を過ぎると楽しくなくなる

人は「自由」を求めますが、いざ「何もしなくていいよ」と言われると、困ってしまうようです。

2021年、ウォートン校のマリッサ・A・シャリフらの2万人を対象にした意識調査では、**自由時間を楽しめるピークは「2時間」であり、それ以降は幸福度が徐々に低下していくことがわかりました。**

ただし、生産的な活動をした場合には、この低下は見られませんでした。

生産的な活動とは、次の3要素がある活動です。

055

（1）自分で行動を自由に決められること
（2）社会的な活動につながること
（3）自分特有の強みを発揮できること

　ここから、次の2つのことが言えます。

　①ただ仕事や学校を辞めて自由時間を得るだけでは、すぐに自由が重荷になり、幸せを感じにくくなる可能性が高い

　②長期の自由時間を過ごすには、責任を伴う役割を持ったほうがいい

「責任感」と「役割」は、生きる力を2倍にする

　とはいえ、責任を担うのはつらそうですよね。
　でもご安心ください。責任を担った途端、あなたの内側から責任を果たす活力がみなぎってくるのです。

　1つの素晴らしい実験を紹介しましょう。
　ハーバード大学のエレン・ランガーらは、老人ホームの入居者52名を次の指示のもと2つに分けました。

【A】入居者ご自身に今後、自分の在り方や日々の選択に責任を持ってほしいと伝える。そして**ホーム内の植物の水やりを活**

動として任せた

【B】入居者自身に、献身するスタッフの責任を伝えた。**その一環として植物のお世話はスタッフがすると宣言した**

18か月後、入居者の変化を見ると、驚くべき事実がわかりました。

責任と役割を負った【A】グループは、責任を免除された【B】グループよりも、「心の健康値」が約33%、ホームへの信頼度も約26%も上まわっていました。

さらに18か月経過時点でご存命だった入居者の数は、【A】グループのほうが【B】グループの**2倍**存在していました。

果たすべき責任の存在は、免疫力などの「生きる活力」を倍増させたのです。

また、2012年のスタンフォード大学とハーバード大学の合同研究では、**政府高官や軍司令部の将校など、社会的責任が重い人ほど、一般人よりも感じているストレスが少ない**ことがわかりました。意外な結果だと思いませんか？

これは大きなことを成し遂げているという充足感が、社会的責任を負うストレスに勝るためと言われています。

責任を担うと、心と身体は、それ以前よりずっとラクになるのです。

第1章まとめ

◎ 自分が大切にしたいものだけを最優先する

◎ 成功者の時間の使い方を模倣する

◎ 「NO」と言える勇気を持つ

◎ 「心配ごとの91.4％は実際には起きない」ということを知る

◎ 「セルフ・ハンディキャッピング」は遠ざける

◎ 「せっかくここまでやったのだから……」は手放す

◎ 自ら責任を負うと、生きる力が2倍になる

第 **2** 章

Plan

価値ある時間を生み出す「計画」の立て方

08 》人生でやりたいことを全部やるには……

× あえて計画を立てないで、その場の流れに乗る

○ 1つひとつのことに「計画」を立てる

時間術を書くにあたって外せないテーマが「**計画**」です。

「計画を立てるのは好きだけど、それだけで満足して、やらないことが多いかな」
「なんだか縛られそうだから、ノープランなことが多いよ」

こんなふうに、計画に対してはさまざまな意見があります。はたして、計画は立てたほうがいいのでしょうか？

せっかくの休みの日も仕事のことばかり考えてしまう……。あるいは仕事中についプライベートで抱えている問題が頭をよぎってしまう……。誰もが経験があるでしょう。

このように、**途中にしていることがらが延々と記憶に浮かび続ける現象を「ザイガルニック効果」と呼びます。**

本当にやっかいな問題です。仕事であれ、遊びであれ、目の前のことに全力集中しなければ成果は上がりません。何より、心から楽しめませんよね。

そこで私たち人間は、未完成のことがらをいったん頭のなかで完成させる能力を持つようになりました。

それが「計画を立てる」という作業なのです。

計画を立てると、突然飛び込んできたチャンスにも対応できる

計画を立てる重要性がよくわかるのが、2011年にフロリダ州立大学のロイ・バウマイスターらがおこなった実験です。

97名の参加者に「5分間で海洋生物の名前をできるだけたくさん挙げる」という課題に挑戦してもらいます。

あなたなら、どうやりますか?

研究チームは、参加者全員にこんなヒントを出しました。

「A〜Zに1文字ずつ当てはめればいいよ」

日本語でやると、【ア】オダイ、【イ】カ、【ウ】ニ、【エ】ビ、のような感じです。たしかにいい作戦ですね。

次に学生たちは、指示により次の3グループに分かれました。

【A】課題の**ゴールを明確にする**

【B】ゴールを明確にしたうえで、**ヒントをどう活かすか計画を立てる**

【C】**何もしない**

さて、このあと研究チームは面白いことをしました。

実際の課題に入る前に、参加者全員にまったく無関係なパズルを解いてもらったのです。

じつは、研究チームの目的はこちらにありました。

何か1つの目標に向かっている最中に、まったく別の目標が現れたとき、どれくらい対応できるか？

結果、回答数と正解数が最下位だったのが、本来の課題についてゴールを明確にした【A】グループでした。何もしていない【C】グループ以下だったのです。

これが、ザイガルニック効果の恐ろしいところです。

このあとに待つ「海の生き物」の課題をしっかりこなすことに気を取られるあまり、突然出てきた新たな課題に集中できていないのです。

これがリアルな人生だったらどうでしょうか？

突然起きたアクシデントにあたふたしてしまう……。あるいは、ふいに現れた絶好のチャンスに出遅れてしまう……。とても困りますよね。

逆に、回答数と正解数ともにもっとも高かったのは、計画を立てた【B】グループでした。

計画を立てることで、脳は「こっちの課題は、とりあえずこのまま置いておいてOKだな」と納得し、集中する先を次の課題に切り替えてくれるのです。

ロイ・バウマイスターは、計画について次のように述べています。

「具体的な計画は、人が、完成まで無心に従うことができる台本のようなものである」

なお、そのあとにおこなわれた「海洋生物の名前を挙げる」という本来の課題を解く際に、最初に与えられたヒントについては、計画まで立てた【B】グループは、目標を明確にしただけの【A】グループの約7倍もきちんと活用していました。

この実験結果から、**何かいい方法を学んだときは、その方法を日常で「どう実行するか」まで計画しておくことが必要**だと言えますね。

実行率が劇的に上がる 「計画」の要素とは？

では、どのように計画を立てればよいのでしょうか？
ここでは、シンプルで効果の高い方法をお伝えします。

（1）IF - THENの形で具体的に立てる

上記の研究で、もっとも成果のあった【B】グループが立てた計画は次のようなものでした。

「課題が始まったら、まずアルファベットの文字を書き出して、それに対応する海洋生物を順番に書いていく」

とても具体的ですよね。

計画は、このように「**IF（○○のタイミングで） - THEN（すかさず△△をする）**」という構文でつくりましょう。

（2）IFの部分に「場所」と「時間」を入れる

2001年、バース大学のサラ・ミルンらの研究では、運動の習慣化について「**いつ（時間）**」「**どこで（場所）**」やるかまで**計画した参加者は、そのうち91％が翌週きちんと運動をおこなっていました。**この実行数は、単に運動の効果の説明を受けただけの参加者の約6.2倍でした。

なお「いつ（時間）」については、日程のみならず「その日の何時何分になったらやるか」まで明確にすると、さらに効果的です。

たとえば「朝、起きたら運動する」よりも「**朝6時半に起きたら、ベッドの上でそのままストレッチする**」のほうが実行性の高い計画になるのです。

いかがでしたか？

ある課題の実行に「計画」を立てることは、その課題の達成度を上げるだけでなく、突然飛び込んできた別の課題や機会に対応する脳の余裕を私たちに与えてくれるのです。

すなわち、**やりたいことをすべてやるための必須スキルが「計画」です。「計画」は立てること自体に大きな意味があります。**ぜひ取り組んでみてください。

064

「IF-THEN」の形で計画を立てよう

IF(○○のタイミングで)
THEN(すかさず△△をする)

これで実行率が上がる！！

IF 朝、シャワーを浴びたあとのタイミングで

THEN 記事を1本、執筆する

IF ランチから戻ったタイミングで

THEN 未読メールをすべて返信する

さらに 「時間」と「場所」までIF-THENの計画に
入れておくとカンペキ！！

09 ≫ 何かを成し遂げる一番よい方法は……

✕ 「機嫌」をよくすること

◯ 「期限」を決めること

「期限」「締め切り」「デッドライン」……あまり好まれない言葉です。たしかにプレッシャーを感じさせますよね。

でも、**人は「期限」があるからこそ力を発揮できる**のです。

古代ギリシアでは「期限」を示す言葉に「カイロス」がありました。決断や行動を起こす「潮時」「好機」を意味し、若く元気な神様として描写されています。

ここでは、もっとも有効な「期限」の活用法をお伝えします。

「期限」があなたを「ゾーン」に導いてくれる

何かを完了させたり決めたりする場合、実行する時間が限られていると、優先順位が明確になります。さらにムダが減り、集中力が高まり、生産性や独創性が上がります。

なぜ、こんな現象が起きるのでしょうか？

2020年、サザンクロス大学のクリスチャン・スワンの研究では、**「期限」を設けることで「ゾーン」に入りやすくなることがわかりました。**

「ゾーン」とは、感覚が研ぎ澄まされ、目の前の活動に没頭できる特殊な意識状態を示します。

私自身は卓球少年だった中学時代に「ゾーン」に入ったことがあります。

試合中に高速で相手から打ち込まれたピンポン玉のロゴがはっきりと見えて、回転の強弱が一瞬で読み取れ、冷静に打ち返せていたのです。

当時から視力の悪かった私にはありえないことでした。大事な試合で、素早く打ち返さなければならないという状況がゾーン体験を引き起こしてくれたのです。

ただ期限があるだけで、こんなスゴい状態に近づけるなんて嬉しいですよね。

なお、**自堕落で借金魔だった文豪ドストエフスキーが『罪と罰』を執筆できたのは、「『期限』までに長編小説2本を仕上げなければ、全作品の著作権没収」という契約があったから**と言われています。

とはいえ、嬉しくないお知らせもあります。「期限」には次の2つの負の側面があるのです。

（1）人は決めた「期限」ギリギリまで仕事を先送りにしがち

である（デッドライン効果）

　8月の最終週（日）になって、ようやく夏休みの宿題に手をつけるのはこのためです。

（2）仕事の量は、「期限」までの時間すべてを満たすように増えてしまう（パーキンソンの法則）

　1955年に『エコノミスト』誌に、シリル・ノースコート・パーキンソンが投稿したユーモア・エッセイが元になっています。30分で終わるはずの仕事でも、「『期限』は1週間後でいいよ」としてしまうと、いつのまにか「1週間かかる仕事」にふくらんでしまうのです。

　本来、「期限」は「この日を過ぎたら失格だよ！」という最低限のラインのはずです。でも私たちは「そこまで目一杯時間を使っていいんだ！」と捉えてしまうのです。

他人に協力してもらう
「中間期限」効果

　では、どうすればこの錯覚を克服できるのでしょうか？
　興味深い研究を1つ紹介しましょう。

　2002年、行動経済学者ダン・アリエリーは、マサチューセッツ工科大学（MIT）の学生99名に、学期中、3本のレポートを課しました。
　提出期限について、学生を3つに分けて、次のような指示を

068

しました。

【A】提出期限は講義最終日まで自分で決めていいが、一度決めたら変更はできない
【B】3本とも講義最終日を提出期限とする
【C】1本ずつ4週間ごとに提出期限を固定する

　結果、提出率と課題のできがもっとも高かったのが4週間ごとに期限を固定した【C】の学生であり、最下位だったのが講義最終日を期限とした【B】の学生でした。
　また、自由に決めた【A】の学生でも、「講義の最終日に全部出せばいいや」と決めた学生の提出率・課題のできは低いものでした。

「期限」まで長いほど、人は課題に時間をかけてじっくり取り組むように思えます。でも実際は逆で、「期限」が短いほど、人はその課題に時間を取って向き合うのです。

　ここから、本当の「期限」の前に自分で「期限」を設ける「中間期限（チェックポイント）」という手法が推奨されています。
　例をあげると、

・夏休みの宿題であれば、8月10日と8月20日を「中間期限」にして、親が進捗を確認する
　・仕事のプロジェクトであれば、早期に上司や顧客との進捗確認日を設ける

069

・ステージに立つ仕事であれば、開演日前に、身内を集めて本番と同じ流れでパフォーマンスをして、改善点を聞く

　ポイントはただ日程を早めるだけでなく、**そこに他者の確認を入れる**点です。ぜひ、「期限」をうまく活用して、実行力を高めていきましょう。

10 »やるべきか・やめるべきか悩んでいるときは……

 かかる「お金」の価格から考える

○ かける「時間」の価値から考える

「やりたいことがあるけど、お金がないからできない」
よくいただく相談です。でも私はお伝えします。
あなたにないものは、本当に『お金』ですか?
ここでは、科学的に「踏み出す勇気」を手に入れる方法をお伝えします。

「時間」VS「お金」
最初に考えるべきは……

2008年、カリフォルニア大学のウェンディ・リューらは、とても興味深い研究を発表しました。

193名の参加者に対して、慈善活動への参加及び寄付を呼びかけます。

研究チームは、勧誘の冒頭のセリフを次の2パターン用意しました。

【A】まず「慈善活動に時間を使うこと」、次に「寄付行為」の順で、興味の度合いを聞く
【B】まず「寄付行為」、次に「慈善活動に時間を使うこと」

の順で、興味の度合いを聞く

　結果、「時間」を最初に問われた【A】の参加者は、「寄付（お金）」について最初に問われた【B】の参加者よりも2倍近い額を寄付し、4.3倍の参加者が慈善活動に実際に参加しました。
　なぜ、こんな差が生まれたのでしょうか？
　研究チームは、とても大切な方程式を私たちに教えてくれました。

・人は「時間」を使うことを考えると、「感情的な幸福度」が基準になる
・人は「お金」を使うことを考えると、「価値の最大化」が基準になる

【A】の、最初に時間の問いをされた参加者は、無意識に「オフの日に慈善活動に時間を使う自分」を想像していました。そこで「そんな自分もいいな。なんだかハッピーだな」と思えば、自然と参加したくなるのです。

　他方、【B】の最初にお金の問いをされた参加者は、無意識に、「寄付のコストパフォーマンス」を勘定していたのです。そこで「割に合わない」となれば、やりたい気持ちはあっても、自動的に却下してしまうのです。

　これは私たちの人生を決めるときに、とても役立つ情報です。

何かやってみたいけれどハードルが高そうなことに出会ったら、そのことがらに関わる「時間」についてまず考えてみればよいのです。

「これに将来時間を使うべきか？　もし使ったとしたら、その後の自分は幸せになれそうか？」

　答えが"YES"であれば、迷わず挑戦しましょう。
「お金」について考えるのは、そのあとです。
　よく調べれば、最初に想像した額よりもはるかに安かったということも多々あります。もし予算オーバーだったとしても、その分を補填する方法を考えればよいだけです。

「財貨を失ったら働けばよい。名誉を失ったらほかで名誉を挽回すればよい。勇気を失ったらすべてを失う」

　これは、18世紀ドイツの文豪ゲーテの名言です。
　やりたくてもやれないことの理由が「お金」の問題だけならば、迷わずやってみましょう。
　勇気をもって踏み出した瞬間に、お金を生み出す機会は無限に自分のまわりにあることに気づくでしょう。

11 》期限を決めるときは……

❌ 「最短」を目指す

⭕ 「最適」を目指す

「未来の自分には期待しない」

仕事をする際に、いつも自分に言い聞かせている言葉です。「夢実現法の提唱者・望月」にはふさわしくない言葉かもしれません。

ここでは、その真意と**科学的にもっとも成果が上がる期限の定め方**をご紹介します。

人は16分に1回、明るい未来をイメージしている

2011年、ジュネーヴ大学のマルシャル・バンデル・リンデンらは、人の3日間の思考行動を追跡したところ、**1日平均60回（起きている間は16分に1回）は未来について考えている**ことを発見しました。

さらには、否定的な未来よりも肯定的な未来をより頻繁に、視覚的にイメージしていることもわかりました。

「明日はきっとよくなる」と思えるからこそ、人は明日も生きていこうと思えるわけです。

未来に楽観的になるのは素晴らしいことですが、それは同時に、未来の自分に対する過信を引き起こします。

　そして、実力を度外視した「最短」の完了期限を想定してしまうのです。

　この点について研究したのが、2000年、カナダのウォータールー大学のマイケル・ロスらの実験です。

「4月30日」が期限の税務申請書作成を抱えた98名の参加者に対して、このあとの取り組みについて次の2種類のシナリオをつくってもらいました。

【A】「**4月2日**」には完成しているという**楽観的**なシナリオ
【B】「**4月30日**」にギリギリ間に合うという**悲観的**なシナリオ

　次に「どちらが実際に起きそうですか？」と質問したあとに、各々の作成完了日を予測してもらいました。

　その後の追加調査で、驚くことがわかりました。

　なんと、**参加者の59％が、自分の予測した作成完了日を守れなかった**のです。

　守れなかった参加者のなかには、悲観的なシナリオのほうが実際に起こりそうだと回答していた人も多くいました。

　それがわかっていながら、実際にやるときは、未来を楽観視してしまい、結局、何の対策もしなかったのです。

　このように**未来の計画を立てるときに、予算・時間・労力を**

低めに見積もってしまう傾向を「計画の誤謬（または計画錯誤）」と言います。

1977年に経済学者ダニエル・カーネマンとエイモス・トベルスキーが、アメリカ政府向けのレポートのなかで用いたのが最初です。

「計画の誤謬」の事例は歴史上、いくらでもあります。

1957年に建設開始した「シドニー・オペラハウス」は、当初の完成予定は1963年、総工費の見積もりは700万豪ドルでした。しかし結局、完成したのは1973年であり、最終総工費は1億200万豪ドルもかかってしまいました。

また、1879年に制作開始した『オックスフォード英語大辞典』は、当初の完成予定は1898年でした。しかし、なんと完成したのは1928年。しかも内容が古くなっていたので、完成後すぐに改訂版をつくるはめになってしまいました。

「最短」ではなく「最適」な期限を目指そう

「計画の誤謬」は、個人・組織を問わず、未来の成果を大幅に狂わせます。

これに対処するには、「よりこまかく、未来を見ていく」ことが必要です。

実際に起こりうるこまかい問題まで意識が向けば、「あれ、

まずくない？」となり、楽観視がおさまります。

　この点、「時間研究」の権威である心理学者クラウディア・ハモンドは、これまでの研究結果を統合した最強の対策方法を考案しました。

【ステップ1】
　具体的な作業段階をすべてリストアップして、各段階にどれくらい時間がかかるか予測する。

【ステップ2】
　過去に似た課題をしたことがある場合は、そのとき実際にかかった時間を参考にする。中断や延期、トラブルが発生した部分については、その分の時間を予測時間に加える。

【ステップ3】
　自分のこれからの予定表とつき合わせて、完了期限を決める。このとき大切なことは、「**将来は今よりももっと多くの時間がある**」という楽観的な見方をやめることであり、「**遠い将来も来週と同じ程度の自由時間しかない**」つもりで決める。

【ステップ4】
　最後に、周囲の先生、上司、仲間に課題の内容を説明して、あなたが定めた期限が現実的かどうか意見をもらう。周囲の人は、普段のあなたをよく見ています。あなたがすっかり忘れていることもちゃんと覚えていることが多いのです。「もっと時

077

間を取ったほうがいいんじゃないの？　前にもこんなことがあったよね」と教えてくれるでしょう。

　無理のない期限が定められると、課題をやる上での焦りや恐れが大幅に減ります。
　結果としてうまくこなせるようになり、評価が上がり、その後のチャンスの数も増えていきます。

　つまり、未来の自分に期待せず現実的に考えることが、かえって未来の可能性につながると言えるのです。
　未来の楽観視から来る「最短」ではなく、今の自分の客観視による「最適」な期限を定めましょう。

時間研究の権威による「期限」を決める際の4ステップ

ココまで！！

ステップ④
周囲の先生、仲間などに内容を説明して、現実的かどうかの意見をもらう。

あのときは全部で4日間くらいかかったな

ステップ③
自分の予定表とつき合わせて、完了期限を決める。（楽観的な見方はしない）

・資料集め
　→2日間

・資料読み込み
　→3時間
　…etc.

ステップ②
過去に似たことをした経験がある場合は、そのときに実際かかった時間を参考にする。中断や延期などのトラブルが発生した部分については、その分の時間も予測時間に加える。

ステップ①
具体的な作業をすべてリストアップして、各作業にどれくらい時間がかかるか予測。

12 ≫計画目標を書くときに、一緒に書くといいことは……

✗ **具体的な行動をどうするか？**

○ **進捗を誰に報告するか？**

「1953年、イェール大学の卒業生のうち、自分の将来について具体的な目標を書いた人はわずか3％だった。でも、20年後に追跡調査をしたところ、この3％の人は、目標を書いていない97％の人たちの10倍の収入を得ていた」

アメリカの「サクセス」誌（1991年9月号）に取り上げられて以来、**史上もっとも多く引用されている「目標達成」エピソード**です。

ここでは、このエピソードの真相を通して、計画目標の達成を促進する意外な要素をお伝えします。

1953年のイェール大学の
目標設定実験は"存在しなかった"

じつは、「イェール大学の目標設定実験」は、当初から存在が疑われていました。イェール大学の卒業生のなかから、その調査を受けた人がいなかったからです。

引用している講師も作家も「サクセス」誌以外の原典を示せた者は誰もいませんでした。

1996年、アメリカの経済誌の追跡調査を皮切りに、社会心理学者も本格的に検証に加わりました。そして、2020年9月28日、イェール大学の公式サイトにこんな回答が掲載されました。

「1953年のイェール大学の目標設定実験は"存在しなかった"という結論に至りました」

なお、これと似たようなもので「1979年ハーバード大学」バージョンもあるそうですが、信憑性は低いでしょう。

では、目標を書いてもまったく意味はないのでしょうか？
いいえ、**決してそんなことはありません。**

この点につき、2007年、ドミニカン大学のゲイル・マシューズはとても大切な研究を発表しました。
ゲイルは149名の参加者に目標を書いてもらい、1か月後の達成度を調査しました。
参加者は、日本を含む世界6か国から集った人々です。
年齢は20代〜70代までと幅広く、社長もいれば芸術家もいました。

書かれた目標は「家を売ること」「セールスを決めること」など、現実的に結果がわかるものばかりでした。なかには、「会社の乗っ取りを防ぐ」と書いた方もいました。

参加者は次のグループに別れ、追加の指示を受けます。

081

【A】自分の目標を書き、自分で評価をする

【B】目標を書いた上で、それを具体的な行動に落とし込む

【C】目標を書いた上で、それをサポートしてくれる友だちに知らせる

【D】目標を書いた上で、毎週の進捗状況をサポートしてくれる友だちに知らせる

【E】目標を書かずに頭で戦略を練る

1か月後の達成度合いを調べると、**目標を書いた【A】～【D】までの4グループは、頭だけで考えた【E】グループよりも約34%も多く、目標達成に近づいていました。**

やはり、目標は書いたほうが実現しやすいのです。

書いた目標は、進捗状況を定期報告すると達成しやすい

さて、目標を書いたグループ内でも、その後の追加行動により成果には差がありました。目標達成度合いを数値化すると、次の順位になりました。

1位【D】毎週の進捗状況を知らせた　7.6点

2位【C】目標を友だちに教えた　6.41点

3位【A】自分で目標を書いて自分で評価した　6.08点

4位【B】目標を書いて行動に落とし込んだ　5.08点

5位【E】目標を書いてない　4.28点

　つまり、「**目標を書いて、その進捗を定期的に信頼できる仲間に報告する**」**ことが、もっとも目標達成を進めてくれる**のです。

　人は「嘘つき」呼ばわりはされたくありません。何かを公言して約束したことは、やらざるをえません。
　そして、毎週あなたの進捗報告を楽しみにして、応援してくれる仲間がいるのならば、その期待に応えたくなるものです。

「これはなんとしてでも実現したい」

そんな目標を、「**絶対に信頼を裏切りたくない人やメンターなどに報告する**」**というチャレンジは、リスクがあるけれど、それだけに結果がついてきやすい**です。

　私も仕事での初回の打ち合わせでは、具体的な内容よりも、今後の連絡体制をしっかり決めます。

　あなたも、この節の最新科学に基づく目標達成法を実践し、夢を叶えていきましょう。

13 » 時間の経過に焦り、今の環境を飛び出したくなったら……

✕ 今すぐ心の声に従って飛び出す

◯ 自分の年齢の一桁目が「9」に近いか確認する

　20代、30代、40代……と私たちは人生を「10年区切り」で考えます。これは多くの国や文化圏で見られる現象です。

　そして、面白いことに人は**次の新しい10年がせまると（たとえば29歳、39歳、49歳になると）、急に今までしなかったことをやりたくなる**ようです。

　では、この現象を一緒に見ていきましょう。

人は、新しい10年が近づくと、強く人生の意味を考え出す

　2014年、ニューヨーク大学のアダム・L・オルターらは、この衝動的な現象を「**9エンダーズ**」と名づけました。

　オルターらは、331名の参加者を3グループに分けて、次のことを書いてもらいました。

【A】明日すること

【B】次の誕生日の前夜に感じるであろうこと

【C】次の新しい10年に入る前夜に感じるであろうこと（たとえば今25歳の参加者は、30歳になる前夜を想像してもらう）

　結果として、「人生の意味」について一番夢中になって書いていたのは、【C】の新しい10年に入る前夜を想定したグループでした。

　こうした傾向は、100か国4万2063名の成人を対象に4年間実施された「世界価値観調査」の回答でも確認されました。

　問題はこのあとです。

「自分の人生はこれでよかったのか？」と危機感を覚えた人々は、よくも悪くも衝動的な行動に走りやすいのです。

　研究チームの調査によると、

（1）不倫専用の出会い系サイトの男性登録者を調べると、年齢の下一桁が「9」である登録者は、それ以外の年齢の登録者よりも約18％多かった

（2）アメリカの2000年から2011年までの10万人当たりの自死率は、年齢の下一桁が「9」である登録者が、それ以外の年齢の登録者よりも多かった

（3）マラソン大会にはじめて挑戦する500人の年齢を調べる

と、年齢の下一桁が「9」のランナーは74人いて、それ以外の年齢の登録者よりも明らかに多かった（60％も多く、突出していた）

　いかがですか？

　もし、**今あなたが人生に強い悩みや焦りを感じているときは、まずは自分の年齢の下一桁が「9」に近いか確認してみましょう。**

　もしかしたら、それは誰もが一時的に体験する衝動に過ぎないのかもしれません。

「9エンダーズ」に焦ることなく、何歳であろうが人生の計画は立てたっていいのです。

第2章まとめ

- ◎ 「計画」は立てること自体に大きな意味がある

- ◎ 「IF－THEN」の形で具体的に計画を立てる

- ◎ 期限を決めると、自分の能力が引き出される

- ◎ 本当の期限の前に「中間期限」を設ける

- ◎ お金よりも先に、かける時間を判断基準にする

- ◎ 「最短」ではなく、客観視して「最適」な
  期限を定める

- ◎ 目標を書いて、進捗を定期的に信頼できる
  仲間に報告する

- ◎ 大きな決断をする前に「9エンダーズ」を
  思い出す

第 **3** 章

Action

時間効率を最大化させる「行動力」のつくり方

Action
14 ≫最速で幸せに成功したいときは……

✕ **外発的動機でスタートする**

○ **内発的動機でスタートする**

「お金」か「やりがい」か。

人生では迷う場面がたくさんあります。

ここでは、そんな分岐点での人生の選び方をお伝えします。

2009年、ロチェスター大学の研究チームは、興味深い研究を発表しました。

大学を旅立つ246名の卒業生に、進路決めで何を重視したかをアンケートしました。

回答は以下の2種類に分類されました。

（A）内発的動機

「もっと成長したい」「もっと人間関係を深めたい」「地域社会に貢献したい」「心身ともに健康でありたい」など。

（B）外発的動機

「もっとお金がほしい」「もっとモテたい」「もっとスゴイ人だと思われたい」など。

1年後のアンケートでは（A）（B）どちらの動機の持ち主も、

090

皆それなりに目標を達成していました。

しかし2年後のアンケートでは面白いことがわかりました。
（A）の内発的動機の持ち主は、より大きな幸せを感じ、心身とも好調な人生を送っていました。
一方で（B）の外発的動機の持ち主は、幸せを感じにくく、心身に不調を感じる人生を送っていました。

この実験は、私たちに2つのことを教えてくれます。

（1）どんなものであれ、内なる強い想いは、現実化しやすいということ
（2）その上で、幸せで健やかな人生を送りたいならば、「成長」と「貢献」についても目指すべきだということ

今、すべての願望を叶えたあと、していたいことは？

私自身も借金6000万円から再スタートしたときは、外発的動機の塊でした。
「2Kのアパートじゃなくて、リビングのある家に住みたい」
「ピアノ教室を運営している妻に、グランドピアノを買ってあげたい」
「自分の本を出して、全国の有名書店に並べたい」
こうした願望が私と妻を前向きにしてくれたのは事実です。

一方で、私はこんなことも考えていました。

「願望が全部叶ったあとに、自分は何をしているのかな？」

答えは、「自分が学び、実践したことの役立ちそうなエッセンスを、人前で話したり、文章で表現すること」でした。

とてもワクワクするビジョンでした。このビジョンのためならば、どんなことでも学んで「成長」し、どこへでも「貢献」しに行くと心から思えました。

それから面白いことが起きました。

自分のビジョンに沿って生きているうちに、1年後には借金を完済し、2年後にはセミナールームつきの3階建ての家を建てることができ、出版した本もロングセラーとなり、のちに10万部を超えることができました。

以降、私は1億7000万円ほど「成長」に自己投資をしており、67歳になった今でも、作家として講師として「貢献」を続けています。

あなたがすべての願望が実現したあとで、それでもやっていたいことは何ですか？

そのためにどんな「成長」と「貢献」をしますか？

この質問を通して見えてきたビジョンに沿って生きていくうちに、お金や名誉や評判もあとから自然についてきますよ。

Action

15 » 人生をムダにしないために必要な努力とは……

✕ 取る資格を厳選すること

◯ 視覚に入る情報を厳選すること

『思考は現実化する』

　1937年にナポレオン・ヒルが世に出した成功哲学のバイブルのタイトルです。「思っているだけで叶うなら、苦労はしないよ」という批判は、いつの時代にもありました。

　でも、実際に名だたる成功者が、本書の内容を実践してきました。

　そして、最新科学では「思考」自体が何から生まれるかもわかりつつあります。ここでは、その正体と、人生で本当にするべき努力についてお伝えします。

人の決断は、視覚情報の影響が9割

　1つの衝撃的な実験を紹介します。

「この4人の女性の顔写真のなかで、一番好感が持てる人は誰ですか？」

　ピッツバーグ大学教授のリチャード・モアランドは、そんな

第3章　Action　時間効率を最大化させる「行動力」のつくり方

質問をクラスに投げかけました。

　写真の4人については、誰も見覚えがありません。個人の好みで選ぶほか、方法はなさそうです。

　しかし、結果として、ある女性にだけ票が集中しました。

　なぜでしょうか？

　じつは、この実験はクラスの開講日から密かに始まっていました。

**　もっとも票が集中した女性は、こっそり教室の最前列に座って、15回ほど講座を受けていたのです。**

　ただし、クラスの誰とも一切交流はしません。

　最前列のため背中は見えていても、顔はほとんど見えません。せいぜい、わずかに目に入る程度です。

　それにもかかわらず、生徒たちは無意識に女性を認識しており、なじみをおぼえていました。そして、もっとも好感を持てる存在として選んだのです。

「人間は、繰り返し目に入れたものをいつの間にか選んでいる」

　本実験で検証されたとても大切な現象です。

　人間の身体には、約1100万の感覚受容体がありますが、そのうち約1000万個は「見る」ことに使われています。

**　私たちの判断の9割以上は、視覚からの情報に頼っているのです。**

ここから、人生を変えるもっとも簡単な方法が見えてきます。**「いつも目に入るものを意識的に変えれば、望む方向に自然に導くことができる」ということ**です。

それにより、自動的に日々の選択と行動が変わります。

やがてそれは、人生の方向性を変え、最終的には運命をも変えていきます。

あなたの未来の種は、すでにあなたの自室にある

私の経験をお伝えしましょう。

私は新卒で財閥系の自動車販売会社に就職しました。

当時、独身寮に入っていたのですが、同期といつも話題になったのが、**お互いの部屋の本棚**です。

同期はみんな車好きどころか「車＝命」の連中ばかり。社員なら食堂で無料で読める自動車雑誌をわざわざ自分用にも購入して（それも高価なものまで）、本棚に入れていました。

一方の私の本棚は、成功哲学書や能力開発書ばかり。「変な奴だな」と思われていました。

でも、**本棚のラインナップはお互いの未来を暗示していました。**私は28歳で能力開発業界に転職して、今日までずっとその世界にいます。片や同期たちは、そのまま自動車業界で定年まで出世を重ねていきました。

どちらの道も間違いではありません。

第3章　Action　時間効率を最大化させる「行動力」のつくり方

大切なのは、「**あなたの未来の種は、すでにあなたの日常の空間に存在している**」ということです。

あなたが何気なく繰り返し目に入れているものは何ですか？
よくも悪くも、私たちは頻繁に目にするものに影響された選択しています。
逆に言えば、望む未来があるのならば、それに合わせて目に入る情報を意図して変えていく必要があります。まずは、あなたの自室の風景から変えていきましょう。

たとえば、あなたが将来世界的な講師になりたいのであれば、本棚の一番目立つところはプレゼンの書籍で埋めて、スマホやPCのブックマークも「TED」などの世界的なスピーチ関係のサイトで埋め尽くしましょう。
あるいは、部屋の壁やスマホの壁紙に、憧れの講演家の登壇写真を貼るのもおすすめです。そんな空間にずっといれば、自然と人前で話す機会を選択するようになるでしょう。

人生で最優先する努力があるとすれば、それはただ1つ。
「見るものを変える」努力だけです。

Action

16 》あなたの行動をもっとも促進してくれるものは……

✕ 目標達成後の報酬の想像

◯ 毎日の積み重ねの確認

　どんな輝かしい目標も、それを実現する道のりは地味なことの連続です。あきらめたくなることもしばしばです。

　そんなときにすすめられるのが、「目標達成後の輝かしい報酬」を想像することです。

「表彰台でメダルをもらう自分をイメージしよう」
「成功したあなたを祝うパーティの様子を思い浮かべてみよう」

　でも、そんな未来を信じられないこともありますよね。
　ここでは、**より現実的にあなたのモチベーションを上げる秘訣**をシェアします。

どんな報酬よりも「やりがい」をくれる 「積み重ね」の力

　2011年、ハーバード・ビジネス・スクール教授テレサ・アマビールらは、「働きがい」「やりがい」に関する金字塔と言える研究を発表しました。

アマビールは、3分野7企業の合計26チームに4か月間、毎日、日誌を書いてもらいました。そこで集まった1万1637件の日誌を分析したところ、驚くべきことがわかりました。

目標に向かうメンバーのやる気をもっとも高めるものは、「昇給」や「昇進」ではなく、「積み重ね（進捗）」の確認でした。

調査対象者が「今日は最高だった！」と振り返った日の日誌の76％には、「積み重ね」に関する記載がありました。

小さな突破体験、小さな目標達成、小さなスタートに踏み出したこと……。

そんな**何気ない「積み重ね」体験が、働きがいの正体だった**のです。

しかし残念なことに、管理職側は「評価」こそが、メンバーのやる気の源泉だと考えており、「積み重ね」はもっとも重要度が低いものと考えていました。

じつは、やる気を失う最大の原因は、先のことばかりに意識が向いているからです。

どんな小さなことでも構いません。昨日よりもよくなったことは、みんなメモしておきましょう。

それこそが、あなたのモチベーションの源泉になるのです。

少しフライングして始めると、目標は達成しやすい

人が持つ「積み重ね」への関心は大いに活用できます。

2006年、USCマーシャル経営大学院のジョセフ・C・ヌネスらはユニークな実験をしました。

ある洗車場に来たお客様300名に、「1回洗車するたびに1個スタンプを押して、8個スタンプがたまれば『洗車1回無料プレゼント』」というスタンプカードを渡しました。
ただし、カードは次の2種類に分かれていました。

【A】8個のスタンプ用の空欄があるもの
【B】10個のスタンプ用の空欄があるが、**すでに2個分押してあるもの**

その後9か月間のカードの償還率を分析すると、驚くべきことがわかりました。
なんと、8個空欄がある【A】のカードが約19％だったのに対して、10個空欄で2個あらかじめ押してあった【B】カードは約34％でした。
いずれのカードも必要なスタンプ数は8個なのに、お客様の「最後までためるぞ！」というモチベーションに差があったのです。

研究チームは、この現象を「**エンダウド・プログレス（与えられた進捗）効果**」と表現しました。
人は、新しいことを始めるのはとても面倒に感じますが、逆に途中までやったことは終わらせないと気持ち悪さを感じます。

第3章 Action 時間効率を最大化させる「行動力」のつくり方

この点、【B】のカードは、すでに2ポイント分進めているように見えるので、「これは最後までやり遂げないともったいないな」と思いやすいのです。呼び水効果とも言えますね。

　この現象は、もちろんあなたの目標達成にも応用できます。
　おすすめは、**目標達成のスタート日を決めたら、実際にはその数日前からスタートすることです。いわば「フライング」です。**
　これにより、実際のスタート日には、数日分は積み重ねて目標に近づいているので、「この調子で行けばいいよね」と気持ちよく進められるのです。

　逆に、予定したスタート日に何らかの理由で始められないと、調子が狂ってしまい、仕切り直しがかなり遅れる可能性があります。「キリがいいので来月からにしよう」などです。

　ぜひ、人間の心理を応用して、気持ちよく楽しく目標に進んでいきましょう。

100

少しフライングして始めよう

①目標達成日を決める
<u>12月31日に○○を達成する！</u>

②そのための行動スタート日を決める
<u>11月1日から勉強をスタートする！</u>

当初の予定より、<u>2〜3日</u>
「<u>積み上がった状態</u>」で始まるので、達成率が上がる

第3章 Action 時間効率を最大化させる「行動力」のつくり方

Action 17 ≫ チャンスをつかんで成功する人の特徴は……

✕ ひらめきが多いこと

○ チャンスをつかむスピードが 速いこと

「あのアイデアは、自分のほうが先に思いついていた！」

　そう言いたくなることってありますよね。「自分が思いついたアイデアは、たいてい3人が同時に思いついている」とも言います。では、その先の明暗を分けるものは何でしょうか？

電話機は 誰が発明したか？

　多くの発明は、同時期に誰かがしており、お互いそのことをまったく知らない。こうした現象は多々あります。

一番有名なのは「電話機」の発明でしょう。

　1876年2月14日、グラハム・ベルはアメリカ特許庁に電話機の特許を出願しました。ところが、奇しくも同日2時間遅れでイライシャ・グレイも同様の出願をしたのです。

　結果、その遅れが仇となり電話機の発明者の栄誉はグラハム・ベルのものになりました。

　でも、話はここで終わりません。

　さかのぼること1か月前の1876年1月、1人の男が電話機の特

102

許を申請していたのです。

男の名はトーマス・エジソン。誰もが知る発明王です。

しかし、残念なことに、エジソンの申請は書類不備で却下されてしまいました。

では、電話の発明者は本当にエジソンだったのでしょうか？

じつはそうではないようです。

さらにさかのぼること5年前の1871年、イタリア人アントニオ・メウッチは、重病の妻との会話のために、電話の基礎になるような装置を発明していました。

メウッチは資金難のために、通常の特許を取得することができませんでした。さらに仮特許も更新費が払えず1874年に失効してしまいました。

2002年6月11日、**アメリカ合衆国議会はアントニオ・メウッチを正式な電話の発明者に認定する決議を出しました。**

スピードがすべて

いかがでしたか？　多くの人が「自分にはアイデアやチャンスがない」と悩んでいます。

でも、チャンスやアイデアは少し意識している人であれば、かなりの確率で出会っているのです。

本当に「ない」のは、それらをつかむ「スピード」です。

「発明」ではありませんが、私自身も「スピード」については

苦い思い出があります。

　30代はじめに研修会社に勤務をしていたとき、社長からある企業の研修依頼をもらいました。

　私は責任を持ってやりたいので、「上司に相談してから」と、いったん返事を保留にしました。

　そして翌日「やります」と伝えに戻ると、社長は私に衝撃的なことを伝えました。なんとその研修依頼は、私の同期の講師にすでにまわされていたのです。

「先に話が来ていたのは私なのに！」

　本当に悔しくてたまりませんでした。そして、心のなかで社長に怒りの気持ちまでわいてきました。

　でも、今思えば当然のことでした。

　同期の講師にあって当時の私になかったもの。それは「スピード」でした。

　もし自分がチャンスを与える側だったとしたら、その場で「お任せください！」と即答できる人に与えたいですよね。

　それ以降、私はあらゆる場面で「スピード」を意識するようになりました。「チャンス」と見たら、すかさず手を挙げるようにしました。

　あなたも少しずつ「回答保留」の数を減らしていきましょう。
"YES"か"NO"か、スピーディに即答できる人は、ますますアイデアやチャンスに恵まれるでしょう。

18 » 多くのタスクを素早く片づけたいときは……

✕ マルチタスクでおこなう

◯ 1つひとつを集中しておこなう

　YouTubeを見ながら宿題をする、スマホを見ながら仕事をする、会議中にSNSをスクロールする……。現在はそんな「マルチタスク」がどこでもおこなわれています。

「マルチタスク」とは、複数の目標を同時に達成するために、複数のタスクを同時に実行することです。もし本当にできるのであれば、これほどの時間の節約はありませんよね。

　とはいえ、注意力を要する複数のタスクを同時にこなすことは、頭にも身体にも大きな負担がかかります。前後のタスクをごちゃごちゃにしない判断力が求められます。
　はたして、私たちは本当に「マルチタスク」ができるのでしょうか？

人は本質的には、マルチタスクができない

　2015年、フランスのMRI検査センター"NeuroSpin"は、興味深い研究を発表しました。

参加者に、「流れる12個の文字から、特定の文字を選ぶ課題」と「音の高低音を聴き分ける課題」を並行して、できるだけ素早くおこなってもらいます。

課題中の参加者の脳の様子を計測すると、面白いことがわかりました。

実験開始後わずか0.5秒で、文字を選ぶプロセスと聞き分けるプロセスのいずれかが必ず遅れ始めました。

このように、マルチタスクの認知的負担は脳にとっては耐え難いものなのです。

研究チームは、次のように述べています。

「人間はどんなに頭がよくても、一度に複数のタスクに集中することはできません」

つまり、私たちはマルチタスクをしているつもりでも、脳はまるでジャグリングのように、1つひとつ素早く注意を向けるタスクを切り替えているだけなのです。

もちろん、1回あたりの切り替えはコンマ数秒しかかかりません。でも、それが度重なると認知能力に大きな負担がかかります。するとパフォーマンスの低下やエラーが発生します。

認知神経科学者デイビット・E・マイヤーによれば、**マルチタスクにより、その人の生産性は40%もダウンする**そうです。

また、この問題を最初に世に示した1975年のトロント大学

の実験では、**マルチタスクによる作業の切り替えの連続により、タスク完了の時間が50％増える上に、ミスも最大50％増えた**ことがわかりました。

なお、ユタ大学の実験では、**マルチタスクで課題に取り組んでもらった結果、きちんと同時並行作業で成果を出せていたのは、参加者のわずか2.5％**でした。

さらに、注意力散漫で本来はマルチタスクに向かない人ほど、マルチタスクをしたがる傾向にあるようです。

結局、1つひとつ集中してこなしてくのが一番

結局のところ、**もっとも効果的でストレスの少ない方法は、1つずつ集中してこなしていく「シングルタスク」**なのです。

そのために役立つ方法が「**タイムブロッキング（チャンキング）**」です。

これは「**1つのタスクに集中して取り組む時間を確保しておくこと**」であり、マルチタスクのような中断の連続による負担から脳と身体を解放するものです。

たとえば私の場合は、基本的な連絡先はフェイスブックのメッセージにしていただき、1日の特定の時間を決めて、まとめて返信をしています。

第3章 Action　時間効率を最大化させる「行動力」のつくり方

また、原稿の執筆・校正あるいは講義の資料づくりなどをする場合は、あらかじめスタッフに集中する時間を宣言して、緊急時以外は連絡を控えてもらっています。

さらに、PCのデスクトップに付箋でやることを貼りつけて、注意を逸らさないような工夫もしています。

まずは20分程度から、1つのことに集中する体験を始めてみましょう。「1つのことに集中するって、気持ちいいなぁ」と思えたらしめたものです。

19 » あなたの行動力を劇的に向上させるには……

 マインドを変える

○ 環境を変える

「まずマインドを変えよう。人はそれにふさわしい行動を選択するようになる」

　自己啓発・能力開発の世界の定説です。半世紀近く携わってきた私も、これは真理だと確信しています。
　ただし、実際に目には見えないマインドを変えることは困難です。
　そこで、ここでは**勝手にマインドも行動も変わっていく秘策**をお伝えします。

大きな器で食べるから大食いになる

　結論から言うと、**自分の内側の「マインド」ではなく、自分を取り囲む「環境」にアプローチする**のです。

　2013年、コーネル大学のブライアン・ワンシンク教授らはこの点について面白い実験をしました。
　43名の参加者に中華レストランでバイキングコースを食べ

てもらいます。

　参加者は実験の目的を知らされないまま、ともかく料理を盛るお皿を選びます。18人の参加者が小さい皿を、25人が大きい皿を選びました。

　さて、参加者の食べっぷりを観察すると、衝撃的なことがわかりました。

大きな皿を使った人々は、小さな皿を使った人々に比べて、52％多く料理を乗せて、45％多く食べ、135％も多く食べ物をムダにしていたのです。

　参加者の体型や年齢は、同じような人を集めています。

つまり、大きなお皿を使うと、人は急に大食漢に変身してしまうのです。

　ワンシンク教授は言います。

「**心を変えるよりも、食環境を変えるほうが簡単なのだ**」

　これは食事の話に限りません。

　人間は今いる環境に適応するために、次の1歩の選択を変えていきます。

　つまり、環境さえ変われば自然に行動も変わっていきます。

　心（マインド）を変えるよりも、外の環境を変えるほうがずっとラクなのです。

まずは「環境」を変えよう、
あとは自然に変わっていく

　私にも経験があります。

　今から約40年前、28歳のときに私は弟子入り同然で、ある能力開発の研修会社に転職しました。その会社の社長に憧れ、人生の環境を一変させて器を広げようと思ったからです。

　最初は社長のかばん持ちをしました。朝一でトイレ掃除もしました。

　年収については、転職後3年間は120万円ほどでした。

　当時の私は「生き字引」と呼ばれるほど能力開発の知識はあったのですが、営業がまったくダメだったからです。キャリアアップとしては失敗に見えるかもしれません。

　しかし、**ここから「器」の本領が発揮されました。**

　倉庫管理の部署にまわされていた私に、「受講生フォロー」という仕事がまわってきたのです。

　当時は、高額な教材を購入されても活用できなかったお客様が問題になっていました。

　これはやりがいのある仕事でした。なにしろ教材の知識には誰よりも自信があります。

　さらに、熱心にフォローをしているうちに、いつしか私のオリジナル講座も開催できるようになりました。

　そして、配属されてから1年後、私はついに「主席講師」に昇進しました。

第3章　Action　時間効率を最大化させる「行動力」のつくり方

111

年間150回は全国で研修をおこない、一部上場会社の3日研修も担当しました。もちろん年収についても激増しました。

　このときの経験が、その後30年間の講師生活の基盤になったのです。

　いかがでしたか？　いい環境にいると、その環境外の人には提案されない特別なチャンスが現れます。

　もちろんプレッシャーも伴いますが、そのおかげで嫌でも行動が変わり、成果を出せるのです。

　目標を立てたら、そのための行動を日常的に求められる環境に真っ先に入ってしまいましょう。

　あとは環境に揉まれていくうちに、想像もしなかった未来にたどりつけるはずです。

20 » 人生の成功者になる秘訣は……

✕ 早期リタイアをすること

○ 今の人生にもう1歩、積極的になること

　成功法則やお金持ちになる方法は、数百年前から語られてきました。でも、**「実際に成功した富裕層が、毎日、何をしているか」** はあまり語られていません。

　どんなにお金があっても、1日24時間を身体ひとつで過ごす点は一般人と変わりません。ここでは、**成功者のリアルな時間の使い方**にせまります。

　この点を調査したのが、2019年発表のマサチューセッツ工科大学のポール・スミーツの研究です。

　成功した富裕層863名と、一般人1232名の、1日の時間の使い方を比較しました。

　その結果、人生に満足している富裕層の時間の使い方には、次のような特徴がありました。

（1）一般人よりも能動的な余暇（運動やボランティアや社交）に当てる時間が、平均29分間多かった
（2）一般人よりも受動的な余暇（ボーっとしたり、TVをだらだら見る）に当てる時間が、平均40分間少なかった

第3章 Action 時間効率を最大化させる「行動力」のつくり方

なお、富裕層も料理や掃除、買い物などの日常業務を自分ですることが多いようです。

　また別の比較実験では、**人生に満足している富裕層は、一般人と比較して、毎日平均、約18％多くの時間を自律的な仕事にあてていました。**
　自律的な仕事とは、目標・時間・方法を自分で決められる仕事のことです。
　そして、もっとも大切なことは、成功した富裕層はより積極的に余暇と仕事の時間をつくるために健康に留意し、活動しやすい環境を選んで生活をしているということです。

お金を払ってでも
やりたいことで人生を埋める

　いかがですか？　結局のところ**一般人と成功した富裕層の一番の違いは「人生に対する積極性」**に尽きます。
　逆に言えば、**誰であっても、今以上に人生に対して積極的になれたら、成功者の人生を歩んでいると言える**でしょう。

　そのためには、常に次の問いをご自身にしてみましょう。

「これはお金を払ってでも、やりたいことなのか？」

　苦労の対価としてお金をもらうのではなく、むしろこちらから支払ってでも1日中やっていたいことであれば、積極的に取

り組めるはずです。

　私の経験をお話しましょう。

　20代のころ、人前で話すときの赤面恐怖症を克服するために、2年間で3つの話し方教室に通っていました。

　ある教室で、私は「あなたも500人の前で堂々と話せます」というパンフレットを目にしました。

　その文章と実際の登壇写真を見た瞬間、**「もし機会があれば、出演料を払ってでも500人の前で話してみたいなぁ！」**という強い想いがわいてきたのです。

　今思えば、これがライフワークである「講師」のスタートでした。そして67歳になる現在でも、年間200回、人前で話しています。

　あなたにも必ず、こうしたものがあるはずです。
「お金を払ってでもやりたいこと」で人生を埋め尽くす人は、真の人生の成功者とも言えるでしょう。

第3章　Action　時間効率を最大化させる「行動力」のつくり方

第3章まとめ

◎ 外発的動機より、内発的動機

◎ いつも目に入るものを意識的に変える

◎ 昨日よりもよくなったことは、メモしておく

◎ 目標達成のスタート日を決めたら、実際には
　その数日前から始める（フライングする）

◎ 少しずつ「回答保留」の数を減らしていく

◎ 「タイムブロッキング」を使う

◎ 自分のマインドではなく、まわりの環境を変える

◎ 「これはお金を払ってでも、やりたいこと
　なのか?」と考えてみる

第4章

Habit

「習慣化」で、時間を操る者になる

21 ≫時間を味方につける「習慣化」の極意とは……

✕ 一定の日数の間、
ひたすら行動を繰り返すこと

○ 過去に習慣化できた行動を
振り返ってみること

時間を味方につけるためには「習慣化」が欠かせません。

多くの方が、今日も習慣づくりをがんばっています。

習慣化した行動は、自分の内外の状況に関係なく、意識せず実行することができます。何か成果を出したい方には必須のスキルですよね。

さて、「習慣化」についてもっとも議論されるのは、「何日続ければ習慣になるの？」というテーマです。

3日、21日、近年では66日などと諸説ありますが、結局は習慣化したい行動の内容や、当人のやる気次第と言えるでしょう。

ここでは、**もっとも効果が高い習慣化テクニックを紹介し、あなたの習慣化までの時間の大幅短縮を目指します。**

習慣化へのもっとも
シンプルなステップ

2019年、クリアーシンキング社は「習慣化」について重要な研究を発表しました。

477名の参加者に、毎日の運動や勉強について何か1つ、習慣化にチャレンジしてもらいます。

参加者の一部には、定評のある習慣化のテクニック22個のなかから5個ほど試してもらいました。

たとえば「周囲に協力してもらう」「『自分はできる！』と暗示をかける」「習慣化できている自分をイメージする」「SNSで宣言する」などです。

テクニックのなかには、学術的にも評価が高いWOOPテクニック（習慣化の障壁をあらかじめイメージして、対策を用意しておく）もありました。

さて、4週間後、**研究チームは集まった1256件の記録を分析**しました。

結果、習慣化にもっとも役立つステップが判明しました。

【ステップ1】

まず**「なぜ、その行動を習慣化したいのか？」**想いを再確認します。

数か月、数年、その習慣が続くと人生はどのようによくなると思いますか？　また習慣化することで、リスクがあるとしたらどんなことでしょうか？

将来、自然とその習慣をこなす自分にワクワクしているならば、ぜひやってみましょう。

逆に、あまりピンとこない場合は、無理に始める前に、「本当にやるべきか」考え直してみましょう。

【ステップ2】

次にやってほしいのが「**自分の習慣の振り返り（リフレクション）**」です。**過去に習慣化できたことを振り返り、そのとき何を心がけていたかを思い出してもらい、現在の習慣化の計画に反映**します。

研究チームは次のように述べています。

「**振り返りは、22個の習慣化テクニックのなかで、ダントツの優れた効果を発揮していました**」

リカバリーの行動を決めておく

なお、「**習慣化したい行動の短縮版を決めておく**」ことも有効でした。

たとえばジムに行くことを習慣化したい場合は、行けない日は代わりに、「自宅で腕立て伏せを10回する」などと決めておくのです。すると、1日できなかったあとに「あぁ、もういいや。自分はどうせ続けられない！」とあきらめにくくなります。

習慣化で一番大切なのは、途切れたときのリカバリーだと言えます。

私も20年以上「習慣化」をお伝えしていますが、今でも「3日坊主」なところはあります。

でも、過去の習慣化を振り返ると、「**3日坊主（3日続けて、1日休む）でも、10回続ければ習慣になる！**」と開き直ったときは、その後自然に習慣化ができていました。あなたもぜひ習慣化のコツを見つけてくださいね。

習慣化のための、シンプルな2ステップ

ステップ①
「なぜ、その行動を習慣化したいのか？」
想いを再確認する

**ピンと来なければ
やめてもいい**

・この習慣を続けると人生がどうよくなるかな？
・リスクはあるかな？
・本当にやるべきかな？

ステップ②
自分の習慣の振り返り(リフレクション)

筋トレ
読書

「あのときはなんで うまくいったんだっけ？」
・開始時間を毎日守った
・成果をアウトプットしていた…etc

**過去に習慣化できたことを振り返り、
そのときに何を心がけていたかを思い出し、
現在の習慣に反映する**

22 ≫1日の習慣の実行で大切なことは……

✕ 調子に応じて柔軟におこなうこと

○ 開始と終了の時間を守ること

　いい習慣を身につけるために一番必要な要素は、何だと思い
ますか？

「実践する環境が整っていること」
「習慣にする作業自体が難しくないこと」
「やるべき理由や情熱があること」

　どれも大切ですよね。
　しかし、**最新の研究は別の答えを用意しています。**
　ここでは、9割の人が知らない「習慣化」の極意をお伝えし
ます。

毎日の習慣行動の
「開始時間」を守る

　2015年、ビクトリア大学の研究チームは興味深い研究を発
表しました。
　ジムに入会したての111名の会員を対象に、1回30分、週4回
のハードな運動に取り組んでもらいます。

そして、「運動への取り組み具合と、運動習慣の定着の関係性」を調べました。

　結果として、1週間に4回以上の運動をしっかりこなしていたグループは、約1か月半（6週間）でブレない運動習慣が身につくことがわかりました。

　とはいえ、1回30分だとしても、週4回となると結構大変ですよね。
　この点、見事に習慣化を果たした会員の多くは、共通した指針を持っていました。

「時間的一貫性」です。

　つまり「**毎朝6時には定期的に運動する**」「**夕食後は運動する**」のように、**いったん決めた開始時間を毎日守り続けていた**のです。

毎日の習慣行動の 「終了時間」も守る

　では、終了時間はどうでしょうか？

　調子がいいと明日の分までやってしまいたくなることもありますよね。でも、終了時間もやはり、きちんと守ったほうがよいのです。

123

心理学者ロバート・ボイスは、著名な学者たちの執筆習慣を長年研究してきました。

　その結果、3つの事実がわかりました。

　（1）1日の執筆時間はきわめて少ない。長くても4時間、短ければ10分

　（2）その代わり**毎日じっくり続けていた。**ただし週末はしっかり休んでいた

　（3）**決めた仕事の終了時間が来たら、しっかり切り上げていた**

　大切なのは（3）です。

　1日に取り組む時間が終わったら、どんなに調子がノッていても、どんなに進行が遅れて焦っていても、そこできっぱり終えてタスクから離れるということです。

　このリズムがあるからこそ、長く取り組めていたのです。

　これは、習慣化のみならず、仕事の質・量を長期的に上げる極意とも言えますね。

　いかがでしたか？

　たとえば、あなたが「毎朝6時から15分読書をして、『読書習慣』を身につけたい」と決めていたならば、「毎朝6時になったら本を開き、6時15分になったらきちんと本を閉じる」のです。

習慣とは、意思や想いよりも「実際にどのようにやるか」が大切です。

毎日の習慣行動の開始時間と終了時間をきちんと守る。これだけはしっかり覚えておいてください。

私自身も若い頃から、夜23時（もしくは朝6時）にタイマーをセットして、学習タイムにあててきました。

こうした時間の線引きが、今の私をつくってくれたと確信しています。あなたの習慣化にもお役立てください。

第4章　Habit

「習慣化」で、時間を操る者になる

125

23 ≫ 1日を制するために大事なものは……

✕ その日会った人の性格

◯ 1日の始まりの気分

「朝を制する者は1日を制し、1日を制するものは1年を、一生を制する」とまで言われます。

朝時間の活用は、確実にあなたの健康と生活の質を高めてくれます。 ただ、少しでも長く眠っていたいなかで、なかなか時間が取れませんよね。

ここでは、すぐにできて効果が高いルーティンを紹介します。

そもそも、なぜ「朝の習慣」が大切なのでしょうか？

じつは、**1日の始まりの気分は、想像以上にその日のパフォーマンスに影響を与える**からです。

2011年、オハイオ州立大学のステファニー・ウィルク准教授らは面白い研究を発表しました。

保険会社のコールセンタースタッフの協力を得て、1日の始まりの気分と、その1日の顧客対応のできを数週間にわたりアンケートしました。

結果、**ポジティブな気分で1日を始めたスタッフは、明瞭な電話応対ができていました。そして、お客様と接するなかで、ますます気分がよくなっていきました。**

他方、**ネガティブな気分で1日を始めたスタッフは、気分転換の離席が多く、生産性が10％以上低下していました。そして、1日の終わりには、ますます気分が悪くなっていました。**

　これが日々重なったら、どんな結果が生まれるでしょうか？

　ギネス級のアスリートでもある不動産実業家サミ・インキネンは、あらゆる心身の数値測定をした結果、「『朝の気分』こそが自分を知る究極の指標」だと言います。

　また現在の成功者の1日の使い方を取材したケビン・クルーズによれば、**次世代を担うトップ起業家239名に共通していたのが「素晴らしい朝の習慣がある」**ことでした。

　以上をふまえて、最高の朝のための4つの習慣を紹介します。

【方法1】
早朝の太陽を浴びる（2分程度）

　太陽光は「バイオレット・ライト」という波長の短い可視光線を含んでいます。2021年、慶應義塾大学の研究チームは、マウス実験から**「バイオレット・ライト」が直接脳の機能に影響を与えて、抑うつ症状を改善させる**可能性を発見しました。

　お日様の光を浴びることで、ポジティブな気分になるのです。

　さらに「バイオレット・ライト」は近視の進行をおさえる効果も確認されています。

　ただし、通常の窓ガラスではカットされてしまいます。窓を

開けるか屋外に出て、直接浴びましょう。紫外線の少ない早朝は日光浴には最適です。

【方法2】
冷水シャワーを浴びる（30秒）

ハードなように感じる人もいるかも知れませんが、**目的は「体温を上げる」こと**です。

「冷水シャワー」を浴びるのですから、一見、体温を下げるように思えますが、逆に上昇するのです。

通常、私たちは1時間につき、体重1kgあたり約5kJの熱を自分で生み出しています。そしてこの熱生産は、周囲の温度が下がるほど増加します。皮膚を冷やすと、熱の生産を求める情報が皮膚の神経から脊髄を通り、脳に届けられるのです。

体温が上がることは、いいことづくめです。

2002年、睡眠学者チャールズ・ツァイスラーらの実験では、**約0.17℃というほんのちょっとの体温上昇でも、ワーキングメモリや反応速度、そしてポジティブな気分が上昇する**ことが発見されました。寒いと目がぱっちりしますが、じつはしっかり脳も覚醒しているのです。

そうは言っても、とくに冬場は寒いのは嫌ですよね。

でもご安心ください。寒冷メソッドでは世界一の権威と言えるヴィム・ホフも、**週に一度、シャワーの最後の30秒を冷水にするところから始める**ことをすすめています。

私のおすすめは「**お風呂上がりにふくらはぎだけに30秒間、冷水シャワーを当てて終えること**」です。

　ふくらはぎは下半身にたまった血液を心臓に戻すポンプの役目があり、「第2の心臓」とも呼ばれる重要ポイントです。

　私も毎朝、たとえ冬であっても、もう20年以上この習慣を続けています。

　ただし、無理は禁物です。

　まずは汗ばむような日から始めてみてください。

　もしくは湯船に浸かって暖まったあとに、シャワーを終える最後に冷水シャワーを浴びて上がることをおすすめします。

【方法3】
感謝できることを書き出す(2分間)

　感謝とは、「実際に経験した『いいこと』に対して、誰か、または何かのおかげでその『いいこと』を受け取ることができたと思い、その『誰か・何か』に恩義を感じている状態」です。

　実際に体験したことに向けられている点で、ポジティブシンキングよりもパワーがあります。

　2003年、カリフォルニア大学のロバート・エモンズの研究では、**その週に起きた感謝できることを5つ書き出した参加者は、それから9週間、体調がよく、未来に対して楽観的な見通しを描いていました。**

　さらに、イライラしたことを書き出した参加者よりも1.5時

間も運動時間が増えていました。

　今あるものに感謝することで、自然と行動そのものを高めたくなります。どんな小さいことでも構いません。まずは1つでもよいので感謝できることを書いてみましょう。

　なお、夜寝る前にも感謝を書き出して、1日を感謝でサンドイッチすることも、大いにおすすめです。

【方法4】
好きな本を黙読する（6分間）

　2009年、サセックス大学の認知神経心理学者デイビッド・ルイス博士が発表した研究は、世界中をわかせました。

　なんと「読書」は、「音楽鑑賞」よりも「コーヒー」よりも「散歩」よりも「ゲーム」よりも、人をリラックスさせてくれることがわかりました。

　さらに驚くことに、**わずか6分間黙読をするだけでも筋肉の緊張が緩和し、ストレスレベルが下がることがわかったのです。**

　博士は言います。「本に没頭することは、究極のリラクゼーションです」と。

　以上4つがおすすめです。すべてこなしても15分（1日の1%の時間）以内で終わります。

　ただし、**やるならばスマホを眺める前にやってください。**

　一度スマホを見てしまうと、「気づけば出勤時間！」ということにもなりかねませんから。

最強の朝の習慣4選

おすすめ①
早朝の太陽の光を浴びる（約2分）

窓ガラスで「バイオレット・ライト」はカットされてしまうので、窓は開ける

おすすめ②
冷水シャワー（30秒）

体温が上昇して、ワーキングメモリや反応速度、メンタルにも◎

おすすめ③
感謝できることを書き出す（2分間）

- 今日も空がきれい
- 朝ごはんが美味しかった
- よく眠れた…etc.

実際に体験したことに気持ちが向けられているため、ポジティブシンキングよりパワーがある

おすすめ④
好きな本を黙読（6分間）

わずか6分間黙読するだけでも、筋肉の緊張が緩和し、ストレスレベルが下がる

24 》「ToDoリスト」に書くべき項目は……

× **思い浮かんだものを
すべて書き出す**

○ **最大4つに絞る**

　あなたは普段、「ToDoリスト」をつくっていますか？
　ここでは「ToDoリスト」の注意点と、望月流の方法をお伝えします。

「やることリスト」に「理由欄」をつくろう

　お金の専門家トーマス・コーリーは、その著書『リッチ・ハビット』のなかで、**富裕層の81％が実践して、一般人の19％しか実践しない習慣として「ToDoリストを作成する」ことをあげています。**
　なお「ToDoリスト」を作成している富裕層のうち67％は、毎日リストアップした項目の7割を達成しているとのことです。

　次のような意見の方もいるかもしれません。
　「自分は、予定がしっかり頭に入っているから大丈夫だよ」
　一見頼もしいことですが、表現を変えれば「ずっと未完了の仕事のことが、頭のなかを占領している」ということにもなります。

その負担を軽くしてあげてはいかがでしょうか？

パソコンで言うと、いくつもソフトを立ち上げているとパフォーマンスは落ちてしまいますね。

「ToDoリスト」を使えば、やるべきことを覚える必要がなく、漏れもありません。脳内コンピューターが思う存分、力を発揮してくれるのです。

しかも、1つ片づくごとに達成感も味わえます。

私は1つ完了するときに線で消したり、花丸をつけるだけでやる気と自信が高まってきます。前向きに仕事や学業に取り組むには最高のツールです。

しかし、こんな問題もあります。

「雑用や思いつきまで書き込んで、リストの長さがスゴイことになっちゃった！」

リストの山を見るとやる気がなくなってしまう。

やり残しが多くて自信をなくしてしまう。

そんなこともありますよね。

第2章（P.60）でご紹介した「ザイガルニック効果」によって、人は終えてしまったことがらよりも、途中で挫折してしまったり中断してしまったことがらのほうがよく記憶に残ります。

その結果、**脳は達成したことよりも、未達成のことをしっかりと記憶してしまって、どんどんやる気やセルフイメージまで落としてしまう**のです。

133

「ToDo」リストを
4つに絞る

おすすめは、**リストの項目を4つに絞ってみること**です。

認知科学者エレーヌ・フォックス博士の実験によると、**人が処理できる刺激は一度に最大4つ程度であることがわかっています。** それ以上羅列されても、脳にとっては負担になるだけなのです。

次に、**4つの項目に「なぜ重要か」理由を書いてください。**

自分にとって、会社にとって、お客様にとって、家族にとって、大切な人にとって、どんな意味があるのか？　ほんの1行でも構いません。効果は抜群です。

2016年、ウィスコンシン大学マディソン校のジャネット・シブリー・ハイド博士らは、意義ある研究を発表しました。

アメリカでは理系大学に入っても、成績不振などが理由で、入門コース終了時点で将来をあきらめてしまう生徒が少なくありません。

そこで研究チームは、1040名の学生を、次の指示により2グループに分けました。

【A】教科書のトピックについて、それがどのように自分の日常生活に役立つか、自分の人生に活かせそうかをレポートしてもらう

【B】とくに何もしない

　結果として、【A】の生徒は【B】の生徒よりも成績が著しく向上しました。
　とくに問題となっていた人種マイノリティの生徒と、それ以外の生徒との成績格差を40%も縮めることに成功しました。**「自分ごと」として対象を捉え直すことは、これほどの効果があるのです。**

　「ToDoリスト」の理由を考える時間を通して、日々自分の価値観や仕事観を見つめることができるのです。

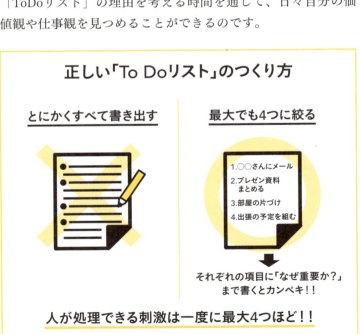

Habit 25 » 超一流のパフォーマンスのための1日の習慣とは……

✕ 休憩を取らず「仕事」をする

◯ 休憩も「仕事」と考える

　ここでは「1日の習慣」がテーマです。
「**あなたの最高のパフォーマンスが発揮できる1日**」の使い方
をお伝えします。

　心理学者アンダース・エリクソンは、**各分野のトッププレイ
ヤーの1日の使い方を研究**しました。
　彼らのサイクルには共通点がありました。

　午前中に集中して練習に励んだあとに、午後はリフレッシュ
をして、夕方に練習を再開するという流れのなかで、とても大
事なものがあったのです。
　それは「休憩」です。
　トップになればなるほど、しっかり休憩を取っていたのです。

　あなたはどうですか？
　仕事についてはがんばっていても、休憩はおざなりになって
いませんか？
　ここでは、多くのエビデンスをもとに、最高のパフォーマン
スを送る1日のポイントを3つ、ご紹介します。

ポイント1
「長時間残業はしない」

　2006年、アメリカの国立睡眠財団は、次の調査結果を発表しました。

　（1）人間がぱっちり覚醒して何かに集中できるのは、**起床後12〜13時間**が限界
　（2）**起床後15時間経過すると、飲酒時と同じ程度の作業能力まで落ち込んでしまう**

　驚きですよね。朝6時起きの方であれば夜7時までが集中の限度であり、夜9時以降ではお酒で酔いながら作業しているのと同じなのです。
　事実、マイクロソフト社では「重要な会議については、夕方4時以降は開催禁止」というルールが徹底されています。

　さらに長時間の残業は、メンタルも脅かします。
　2014年、イギリスのメンタルヘルスファンデーションの調査では、長時間労働により、スタッフの58％が「怒りっぽくなり」、34％が「不安になり」、27％が「気分が落ち込む」と回答していました。

　定時で仕事が終わらない場合は、残業はせずに、明日にまわしましょう。

ポイント2
「大事な仕事は朝イチでおこなう」

とはいえ、こんな声もあるかもしれません。

「それでは、やるべきことが終わらないよ！」

そんな**あなたに提案したいのが、「残業」ならぬ「前業」**です。

その日の「最後（夕方）」の時間ではなく、「最初（朝イチ・午前中）」の時間にがんばるのです。

「エンジンがかかるお昼以降のほうがいいのでは？」という意見もあるでしょう。

でも、次の研究をごらんください。

2011年、スタンフォード大学のジョナサン・レバーブらの実験です。

イスラエルの仮釈放委員会の仮釈放決定について、1年間1100件以上の決定を分析しました。

その結果、2つの事実が判明しました。

（1）**午前の早い時間の仮釈放決定率は、平均65％だった**

（2）**しかし、終業時間直前の仮釈放決定はほぼ0％だった**

たとえば、同じ罪状であっても午前8時50分の決定は通ったのに、夕方16時25分の決定は通らないケースがありました。

社会的地位や頭のよさとは関係なく、人間の決定力や業務遂

行力は波があり、時間が経つにつれ消耗していくのです。

手のかかる作業や頭を使う決定は、可能な限り、朝イチでおこないましょう。

ポイント3
「休憩も『仕事』だと考える」

そもそも、なぜ私たちは「休憩」を取る必要があるのでしょうか?

神経学者アダム・ガザレイによれば、**人間は複雑な作業を集中しておこなうと、脳の前頭葉の機能が衰えていきます。**

これにより認知の疲労が起きて、問題解決能力が低下します。そのため**どんなに好きなことをしていても、成果が上がりづらくなる**のです。

自転車競技の名選手クリス・カーマイケルは次のように述べていました。

「休息は、むしろトレーニングの一部と言える」

「休憩時間」も立派な仕事(学業)時間と考えましょう。

この点、昨今は長めのリフレッシュ休暇を取りやすくなってきました。

一方で、平日の仕事中の休憩については、そこまで注意が払われていません。しかし、仕事の間の小休止こそが大切なので

す。少なくとも、90分働いたら必ず休憩を取りましょう。

　パフォーマンス管理の第一人者トニー・シュワルツがおこなった2万人を対象とした調査では、**90分ごとに休憩を取っていた従業員の集中力は、1日を通して30％高かった**ことがわかりました。

　では、何分くらい休めばよいのでしょうか？

　ティミショアラ大学が過去30年間の労働実験を分析した結果、**10分以下の小休止でも、エネルギーが増加して疲労度が下がり、幸福度が上がる**ことがわかりました。

「休む」という行為自体が大事なのです。どんなに短い時間でもきちんと「休憩」タイムを取りましょう。

　ちなみに、休憩時間中は何をすればよいでしょうか？

　2017年、イリノイ大学の研究によれば、**疲労感やストレスが緩和する休憩として、「リラックス（ボーッとする、ストレッチをする）」か「社交（同僚などと雑談する）」が有効**であることがわかりました。

　他方、**「間食」は効果が薄く、「認知活動（スマホなど）」については、かえって脳に負担になり疲労感が増す**ことがわかりました。

　休憩中はスクリーンを離れて、仲間と他愛のない話をしたり、深呼吸をしたりして、ゆったり過ごすのがベストなのです。

最高のパフォーマンスを発揮する 1日のポイント

ポイント①
長時間残業はしない

人間が覚醒して何かに集中できるのは、起床後12〜13時間が限界

残業せずに、明日にまわそう！

おつかれさま でした〜

ポイント②
大事な仕事は朝イチでおこなう

人間の意思決定力や業務遂行力には波があり、時間が経つにつれて消耗していく

「残業」ではなく、「前業」をしよう！

ポイント③
休憩も「仕事」と考える

90分働いたら10分の小休止を取る

「間食」や「スマホ」ではなく、ボーっとしたり、友人と話したり

第4章 Habit 「習慣化」で、時間を操る者になる

Habit 26 ≫ スマホ依存でこれ以上時間をムダにしたくないときは……

**✕ やめたい時間は、時計以外の
機能を使わないと決める**

**○ やめたい時間は、
別の部屋に置く**

今やスマホは、生活必需品です。

一方で、スマホの心身への影響も見過ごせません。
「睡眠障害」「うつ」「対人不安」「眼精疲労」「頭痛」「男性の不妊」など、さまざまな疾患の原因になることがわかっています。

でも**最大の問題は、やはりスマホから目が離せないことによる「人生の機会損失」**です。

ご安心ください。じつは私も67歳を迎えますが、同世代ではトップクラスの「スマホ大好き人間」です。

ここではそんな私でもできた、無理のないスマホとのつき合い方をご提案します。

昔、固定電話だった時代は、電話は鳴ったら取るものでした。鳴らないうちは、まったく気にもしませんでした。

でも、スマホは違います。着信や通知にかかわらず、つい画面を見てしまいます。ベッドでもトイレでも食事中でも、果ては人と話しているときでも……。

142

こうした現象は「**ノモフォビア**」（**携帯電話が手放せない恐怖症**）とも呼ばれています。

とくに、何でも吸収しやすい子どもへの影響は見過ごせないものです。受験やスポーツのご褒美にスマホを買い与えたら、際限なく使い、不登校になったという話も聞きます。

ここで興味深い事実があります。

じつはテクノロジーの先駆者たちの多くは、自分の子どもには、スマホの使い方を厳しく戒めていました。

アップルの故スティーブ・ジョブズは、子どもには自社のiPadは使わせていないと公言していました。

マイクロソフトの**ビル・ゲイツは、14歳になるまで子どもにスマホを禁じていました。**

4つ以上当てはまったら注意！「スマホ依存度」をチェックしよう

「スマホ依存」は「アルコール依存症」のような正式な病名ではありません。

しかし、国際的な「精神障害の診断と統計マニュアル第5版（DSM-5）」をもとに、スマホの依存具合を確かめるチェックテストがあります。

あなたは次のうち、いくつ当てはまりますか？　チェックしてみてください。

①スマホの快適さ・楽しさが忘れられず、頻繁に触ってしまう（はい・いいえ）

②スマホの使用頻度を減らそうと思ったけど、いつも失敗してしまう（はい・いいえ）

③いったんスマホを見始めると、夢中になってしまう（はい・いいえ）

④不安や憂鬱などネガティブな感情を感じたときに、ついスマホに逃げてしまう（はい・いいえ）

⑤スマホのやりすぎで、時間感覚がなくなったことがある（はい・いいえ）

⑥スマホのやりすぎで、仕事や学業や人間関係でしくじったことがある（はい・いいえ）

⑦常にスマホの最新モデルや新作アプリ（ゲーム）が気になってしまう（はい・いいえ）

⑧スマホを忘れたり、電波がつながらないと、落ち着かずイライラして気分が変になる（はい・いいえ）

　もし、「はい」が4つ以上当てはまった場合は、つき合い方をあらためる必要があります。と言いつつ、私もまわりにテストをしてもらうと、ほぼ「はい」が4つ以上あるという答えでした。

　では、どのようにあらためればよいのでしょうか？

　ここでご紹介したいのがマイクロ・バウンダリー（小さな境界線）という考え方です。

スマホはPCとは異なり「起動」の手間がありません。ちょっと目を向けるだけで、すぐに情報が飛び込んできます。

そこで**意図的に自分で障壁を設けて、触れにくく、目に入りにくくする**のです。

たとえば、こんなアイデアがあります。

（1）あえて低い通信速度（データ容量）の契約をする
（2）スマホ画面を開くパスワードを複雑にする
（3）集中したいときは、時計代わりであっても机に置かずに、別室に置く

とくにやりやすいのは（3）でしょうか。

本当にひと手間ですが、これだけで心の落ち着きと集中が変わります。そのうえでより本質にせまってみましょう。

私たちがスマホに依存する本当の理由

スタンフォード・オンラインハイスクール校長の星友啓先生は、私たちがスマホに依存してしまう最大の理由として、**スマホを通しておこなうゲーム、SNS、YouTube鑑賞などが、次の心の三大欲求を満たすから**だとおっしゃっています。

【1】**関係性**　人とつながりたいという欲求
【2】**有能感**　何かを成し遂げたいという欲求
【3】**自律性**　強制されることなく、自分の意思で決めたいと

いう欲求

　もし本当にスマホと適度な距離を取りたいのであれば、こうした「心の三大欲求」を、リアルな日常のなかでしっかり満たす必要があります。

　でもそれは、決して難しいことではありません。
　たとえば、家庭のお手伝いをしたり、友人と一緒に外に出かけたり、何かをつくったりするだけで十分です。
　私のセミナーは、みんなで身体を使った実習（ワーク）をすることが多いですが、「こんな長い時間スマホが気にならなかったのは初めてです！」という感想もよくいただきます。
　リアルでのふれあいや交流に時間を使うことは、最大のスマホ依存対策になります。

　私は、スマホでSNSをやり始めてからスマホを見る時間がたしかに増えました。ただ、それ以上にSNSでつながった方々とリアルでお会いして、仕事をする時間が増えました。

　本来であれば、スマホはあなたの時間機会を拡大してくれるものです。ぜひ健全な距離感で活用していきましょう。

27 » 夜にしておきたい習慣とは……

✗ 昼間の反省をする時間をつくる

○ 幸せを味わう時間をつくる

夜は疲れており、しかも朝と異なり、急用が入ることもしばしばです。
　でも、**幸せに成功する人生には夜の習慣は必須**と言えます。
　ここではその理由と、最高の習慣行動を1つご紹介します。

人生は「終わりよければすべてよし」

「終わりよければすべてよし」ということわざがあります。じつはこれは科学的にも正しいのです。

　ノーベル経済学賞を受賞したダニエル・カーネマン教授は、1993年こんな研究を発表しました。
　参加者は順番に、次のような行動をします。

【1回目】14℃の冷水に60秒間手を入れる
【2回目】14℃の冷水に60秒間、続いて15℃の冷水に30秒間手を入れる

【3回目】1回目と同じことをするか、2回目と同じことをするか、参加者は自由に選択ができる

　普通に考えれば、全部の合計時間が短い1回目の条件のほうがよさそうですよね。
　しかし参加者の8割が、2回目の条件を選びました。
　終盤、追加の時間でほんのわずかに温かくなっただけで、参加者は「こちらのほうがよい！」と判断したのです。

　ある経験の最後の印象が、経験全体の印象をつくる。
　カーネマン教授はこれを「ピークエンドの法則」と名づけ、さまざまな分野で応用されています。

　もちろんこの法則は、私たちの人生にも活用できます。
　どんなに大変な日でも、寝る前にいい感情を感じられれば「いい日だったなぁ」と思えるのです。
　それを毎日繰り返せば、「いい人生だなぁ」と思えるようになるでしょう。

　そこでご提案したいのが、「夜寝る前に幸せを感じる」習慣です。
　しかし、「そんなに毎日幸せを感じられるだろうか」という疑問がわく人もいるかもしれません。
　「今日はいいことが1つもなかった」と感じてしまう日だってありますよね。

少しだけ考えてみてください。

このように感じてしまう前提には、「**幸せとは、何かを達成して初めて感じられるもの**」**という観念があります。**

2011年、行動経済学者ポール・ドーランの調査では、「すぐに幸せになれる薬（副作用なし）があったら飲むか」という質問に対して、回答者の75%以上が「飲まない」と意外にも答えました。

代表的な回答理由は「すぐに幸せになってしまうのは不自然だから」でした。

なぜ、人はこのような観念を持つのでしょうか？

すぐに幸せを感じられたら、それ以上行動する理由がなくなります。しかし、ずっとボーっとしていたら、急な状況の変化に対処できません。

そこで私たちの脳は、あえて幸せを感じにくくして、常に問題解決に気を張らせてしまっているのです。

でも、これは手放すべき考えです。

なぜなら、**実際は幸せな人ほど問題解決ができる**のです。

ポジティブ心理学の大家ソニア・リュボミアスキー女史によれば、幸せな人は前向きでポジティブな感情をいつも感じているので、新しい挑戦に対してもオープンで、実際に取り組むことができるとしています。

また、楽観的で社交的なので、応援もされやすくなります。

149

結果として問題解決がうまくいき、多くのものを手に入れます。

リュボミアスキー女史は言います。

「幸福な人は、そうでない人よりも、充実した結婚や人間関係、高収入、優れた仕事の成果、地域社会への貢献、心身の健康、さらには長寿を手にする可能性が高いです」

事実、ハーバード大学で「幸福学」を教えるショーン・エイカー博士によれば、幸せでポジティブなスタッフは、そうでないスタッフより売上が30%高く、離婚率や医療費負担が30%低いと報告しています。

達成したから幸せになるのではなく、幸せな状態でいるから達成できるのです。
これは本当に大切な原則です。何も待つ必要はありません。私たちは今すぐ幸せになり、仕事も人間関係もスイスイ望む方向に導けるのです。

寝る前の幸せ習慣 「セイバリング(堪能)リスト」

では、どうすればすぐに幸せを感じられるのでしょうか？
心理学者フレッド・ブライアントは、幸福度が非常に高い人は、ポジティブな経験を深く味わう力が高いことを発見しました。

私たちは「今、自分にないもの」を求めようとします。

でも、幸せは「何か足りないもの」を手に入れることではなく、「今あるもの」をしっかり味わうことで感じられるのです。

そのために一番簡単な方法が「**セイバリング（堪能）リスト**」です。

これまでの人生であった幸せなできごとを書き出しておき、就寝前にそのうち1個を味わいます。

私のリストの一部を紹介すると、

（1）小さいころに行った家族旅行のこと

（2）中学時代に熱中していた卓球のこと

（3）大学受験に合格した日のこと

（4）初めての著書が、神保町の書店に並んだのを見たときのこと

（5）能力開発会社に勤務していたときに、最高の講演会ができた日のこと

（6）尊敬するメンターや大親友の本田健さんと、楽しいイベントをした日のこと

（7）新婚旅行で行ったニュージーランドのクルージングのこと

（8）2人の息子が誕生した日のこと

（9）講師仲間と企画したエーゲ海クルージングの日々

（10）会社設立30周年のパーティで多くの仲間から祝福され

たこと

　どんなにつらい日でも、どれか1つの思い出を堪能するだけ
で心がやすらぎ、「自分は幸せ者だな」と思えてきます。

　さらに、リストは頻繁に更新することもおすすめします。
　その日にあった「感謝したいこと」「初めて体験して驚いた
こと」「結果を問わず向き合えたこと」など、あなたが「これ
はよかった」と思ったことは、どんどんリストに加えましょう。
　味わう対象は多いほうがいいですよね。

　ぜひ、幸せなあなたとして眠り、幸せなあなたとして目覚め
る毎日を送りましょう。

ワーク!

あなたの「セイバリングリスト」をつくろう

これまでの人生であった「幸せなできごと」を書き出す

例） ・小さいころに行った家族旅行
　　・大学受験に合格したこと…etc.

第4章まとめ

◎ 習慣化したい行動の「短縮版」を決めておく

◎ 毎日の習慣行動の開始時間と終了時間を
きちんと守る

◎ 早朝の太陽を浴びる（2分程度）

◎ 冷水シャワーを浴びる（30秒）

◎ 感謝できることを書き出す（2分間）

◎ 好きな本を黙読する（6分間）

◎「ToDo」リストは4つに絞る

◎ 定時で仕事が終わらない場合は、
残業はせずに明日にまわす

◎ 大事な仕事は朝イチでおこなう

◎ 90分ごとに10分間の休憩を取る

◎ スマホは触れにくく、目に入りにくくする

◎「セイバリング（堪能）リスト」をつくる

第 **5** 章

Progress

時間と共に「成長」する自分へ

28 》先延ばしグセを直したいときに最初にするべきことは……

✕ やるべき理由を書き出す

○ 身のまわりの空間の整理整頓

「先延ばしグセを直したい！」
「すぐに行動できる人になりたい！」

　よくいただく相談です。ライフハック系の動画や書籍では大人気のテーマですよね。
　でも、本節で紹介する方法は意外なものかもしれません。

散らかった部屋が
先延ばしグセを生む

　人は、正解に迷う葛藤の場面や、頭を酷使する問題に直面すると、優柔不断になり、答えを出すのを次の機会にまわしてしまいます。

　これが「**先延ばし**」です。

　心理学者ジョセフ・R・フェラーリ博士によれば、**世界の20～25％の人が、やるべきことを必要以上にあとまわしにしてしまう**そうです。

156

とはいえ、「先延ばし」自体は自然な行動です。私も今でも経験があります。

でも、それがクセになると自暴自棄になったり、言い訳がましい人間になってしまいます。そうはなりたくないですよね。

では、「先延ばしグセ」の根本的な原因は何でしょうか？

よく言われるのは「自己管理ができない」「不安や恐れ」、あるいは「完璧主義に陥り、不完全を恐れて行動を遅らせる」などです。

しかし、フェラーリ博士の2018年の調査では、とても意外な原因が見つかりました。

なんと、**行動の先延ばしは、本人の特性や性格以上に、その人の「生活空間のモノの多さや散らかり」に大きく影響される**のです。

2年後の調査では、この現象は職場でも起こることがわかりました。

「本当かな？」と思われた方もいるかもしれません。

でも、**私たちの脳は予想以上に「きれい好き」**なのです。

人間は社会的動物です。あなたの目にする物理的な環境は、想像以上にあなたの認知、感情、行動に影響を及ぼしているのです。

2011年、プリンストン大学神経科学研究所の脳画像研究によれば、**私たちの脳は秩序を好むので、無秩序な空間が常に視覚にあると、認知能力が著しく消耗される**ことがわかりました。

つまり、散らかった自室や仕事場にずっといれば、気づかないうちにやる気や集中力が削がれていきます。

　すると、エネルギーがなくなり、大切な意思決定に直面すると面倒になり、「あとにしよう」と先延ばしをしてしまうのです。

試験前・仕事の締め切り前に、急に掃除したくなるのは、科学的に正しい

「先延ばしをやめたいときは、まず身のまわりの空間を整理整頓しましょう」

　私からのご提案は、これに尽きます。

　思えば、試験前や仕事の締め切り前に突然掃除したくなるのは、脳からの「これではマズイよ！」という緊急指令だったのかもしれませんね。

　また、「おうちをピカピカにすると、運気が上がる」という言い伝えも、問題解決行動の促進という面では一理あります。

　ちなみに、忙しいときに掃除すれば、**「今後の探しモノの時間が減る」**メリットもあります。

　2012年、IT専門調査会社IDCが日本を含む**6か国のエンジニアを調査したところ、必要な資料探しで、なんと週平均11時間も浪費していることがわかりました。**大事なことですからもう一度、言いましょう。11時間も必要な資料探しで浪費しているのです。

現在、私の会社では毎月の定例会議の日に、スタッフ全員で掃除をすることにしています。
　一方、自分の家の場合は、整理整頓のプロフェッショナルに頼むことも多いです。プロは、依頼者の事情に配慮した上で、見事に手放すべきものを教えてくれます。掃除が得意な方でも、一度頼んでみるのもおすすめです。

　まずは、目に入る空間だけでも整理整頓してみましょう。「**すぐ行動できる人生**」はそこから始まりますよ。

Progress

29 ≫ 時間が過ぎるのが早くて、むなしさを感じたときは……

✕ 他人から時間をもらう

◯ 他人のために時間を使う

「年を取ると、同じ時間が短く感じられる」

1890年、心理学の祖ウィリアム・ジェームズが著書『心理学原理』に残した一文です。

小学校の6年間は長く感じたのに、大人になってからの6年はあっという間だった。そんな経験、ありますよね。

フランスの哲学者ポール・ジャネも、同時期に「**人生のある時期に感じる時間の長さは、年齢の逆数に比例する**」というジャネの法則を提唱しました。

ここでは、こうした現象が起きる理由と、より人生を長く感じられるようにする方法をご提案します。

思い出深い時間は、長く感じられる

ジャネは、この現象の理由を「年を取るにつれて、人生における『1年』の比率が小さくなるため」としています。

たとえば、**5歳児の1年は人生の5分の1（20％）ですが、50歳の1年は人生の50分の1（2％）です。そのため50歳の人の1年は5歳の子どもの1年に比べて、10倍の速さで過ぎていくよ**

うに認識されるという説です。

　近年、デューク大学のエイドリアン・ベジャンは物理・生物学の観点からの解説を発表しました。

　加齢により脳内の神経細胞ネットワークが複雑になります。すると、信号処理に時間がかかるようになるため、1秒間あたりに処理できるイメージ数が若いころより減ります。それによって全体として時間がスピーディに進んでいるように感じるというわけです。

　一方で、こんな体験もありませんか？

（1）旅行などの楽しい1日はあっという間に過ぎたように感じる。しかし、あとから振り返ると、いろいろな思い出がよみがえってくる

（2）病気で寝込んでいたり、単調な作業をしていたときは時間がなかなか進まない。しかし、あとから振り返ると、ほとんど思い出がなく一瞬で過ぎ去った感じがする

　あるできごとについて、より多くの記憶があればあるほど、それがより長く続いたように感じられる。『脳の中の時間旅行』の著者クラウディア・ハモンドは、このような現象を「**ホリデーパラドックス**」と名づけています。

　通常、過去2週間で思い出せる新しいできごとは6〜9個とされていますが、旅行中であればこれが1日で体験できるかもしれません。すると、旅行に行った期間ははるかに多くの記憶

があるので、時間の長さがゆがんで感じられるのです。

　旅行から家に帰ると、ずいぶん長く家を空けた感じがするのはこのためです。

　ハモンドは言います。

「生活が単調か多様かということは、時間にまつわる謎の多くを解く重要な鍵だ」

他人のために時間を使うと、 時間が長く感じられる

　時間を長く感じ、思い出深い日々を送るコツは、何歳になっても新しい体験をしてみることに尽きます。

　私も新しい体験へのお誘いは、仕事であれプライベートであれ、できる限り「YES」と言っています。

　とはいえ、人間はみんな慣れたことをやろうとします。そこでおすすめは、他者のために時間を使ってみるということです。「ただでさえ時間がないのに」「むしろ時間が欲しいぐらいだよ！」と思われるかもしれません。

　でも、次の実験をごらんください。

　2012年、ハーバード大学のマイケル・ノートンらによるものです。

　136名の学生に、課題として、高校生を支援するための資料の編集を依頼しました。

　会場に来た学生は、次の2通りの対応をされました。

【A】実際に15分間、編集に時間を提供してもらう
【B】「編集が予定より早く完了した」と告げられ、時間の提供を免除される

　退出時のアンケートを分析すると、時間を提供した【A】の参加者は、作業免除により同量の「無料」時間を受け取った【B】の参加者よりも、1.7倍多く「自分には時間があると感じている」と回答しました。
　また、後日の追加の課題にも、より長い時間取り組んでいました。

　時間を他人に提供すると「自分は誰かの役に立てる存在だ」「自分は求められる価値がある存在だ」という自己効力感がわいてきます。
　この自己効力感により、「時間ならいくらでもあるよ、任せてよ」という感覚になり、普段感じている時間の制約を意識しなくなるのです。

　人生の残り時間を意識する年になると、人は悩み、内側にこもりたがります。
　でも、そんなときこそ外に向かい誰かの力になってあげてください。その瞬間、むなしさや不安が消えて、思い出深い充実した人生が始まりますよ。

第5章 Progress　時間と共に「成長」する自分へ

163

30 》退屈で時間が長く感じられるときは……

✗ 退屈を紛らわせる

○ 退屈を楽しむ

　多くの人は「退屈」を嫌います。「時間がない」のも大変ですが、「時間はあるのに、やることがない」のも大変です。
　でも、ここでは**「退屈」が持つ素晴らしい可能性**をお伝えします。

「退屈」は可能性と喜びに満ちている

　「退屈」については、さまざまな思索が巡らされてきました。

　「退屈は、すべての悪の根源である」（哲学者ソーレン・キルケゴール）と考えることもできるし、また**「偉大な仕事が成功するためには、多くの退屈が必要だ」**（哲学者フリードリヒ・ニーチェ）と捉えることもできます。

　東洋では、「退屈」をとても肯定的にとらえ、内省や瞑想、禅などに導いてきました。
　あなたはどう思いますか？

164

2016年、ハーバード大学のティム・ローマスは「退屈」について、とてもポジティブな体験を発表しました。

　ローマスが実験の場所に選んだのは、長距離便の飛行機のなかでした。

　シンガポールからイギリスに向かう13時間の旅の途中、本当に「何もできない1時間」を使って、ひたすら自分の内外を観察し筆記しました。

　その結果、3つのユニークな発見がありました。

（1）時間知覚の変容

　ローマスは1時間の間に、時間がすりぬけるような感覚と、静止したような感覚を交互に体験しました。さらには突然、幼少のころ履いていた赤いズボンを思い出して、ノスタルジーを感じました。さまざまな感情を体験したあとに、**最終的には自分の人生に希望を抱くようになりました。**

（2）周囲の世界への好奇心

「退屈」な時間が進むにつれて、すでに6時間も見ている飛行機のなかの風景が、とても興味深いものに見えてきました。同時に、**自分があまりに周囲の世界に興味を持っていなかったことを自覚して愕然としました。**

（3）自己の探求

　1時間の間に「自分とは何か？」というアイデンティに対する問いかけが何度も浮かんできました。今の自分がしていることについて「魚をとるために大海をのぞく」イメージが浮かび、

やりがいを覚えました。最終的には「**自分の身体は今まさに存在している！**」という強い感覚に包まれました。

　実験を経て、ローマスは次のように語っています。

「退屈とは、価値と可能性に満ちた、豊かでダイナミックな状態であるかもしれません」

「何もすることがない」というのは、すべてから解放され、自由に、思考も行動もどこにでも向けることができる、とても贅沢な時間にもなります。

「何もしない」ことを思いっきり楽しみましょう。
　そこで見えたことや、感じたことを、ゆっくり体験しましょう。すると、忙しさのなかで忘れていた世界や人生、自分自身について新鮮な感覚を思い出すことができますよ。

31 » 今この瞬間から幸せになるためには……

✕ 自分にご褒美をあげる

◯ 他者に与える

あなたはより一層、幸せになりたいと思いませんか？
聞くまでもなく「YES」でしょう。
では、これに対する答えはどうでしょうか。

「あなたは『幸せになる方法』を、いくつ知っていますか？」

　日常を楽しむ方法は浮かんでも、「幸せになる方法」とはちょっと違いますよね。

　ここでは、幸せの科学的な法則をお伝えし、いつでも幸せに向かえる方法を紹介します。

今日から幸せになる方法

「幸福への道筋が曖昧である理由の1つは、『何が幸福につながるかを知っている』と思い込んでいるからです」

　ハーバード大学の心理学者ダニエル・ギルバート博士の言葉

です。

では、「**幸福への道筋**」に**正解**はあるのでしょうか?

この点、現代の心理学が注目しているのが、「**向社会的**」行為です。

誰かのことを思って、その人のために行う行動のことです。

「誰かの幸せのために行動すると、自分ももっと幸せになれる」

普通に考えれば、喜ぶのは何かをしてあげた相手方だけに思えます。

しかし、多くの研究で、じつは「**与えている側**」が快楽といえるほどの幸福を感じていることがわかってきました。

子どものために、愛する人のために行動すると、自然とそのようになりますよね。

たとえば、「お金をあげる」という例を紹介しましょう。

誰もが自分の「お金」は大切で、手放したくないものです。

2008年、ブリテッシュコロンビア大学のエリザベス・ダンらは素晴らしい研究を発表しました。

46名の参加者に、朝、5ドルまたは20ドルの入った封筒を手渡します。

そして次の2通りの指示をしました。

【A】自分のために使う

「出費や請求書の支払い、自分へのプレゼントのために使ってください」

【B】他者のために使う

「誰かへのプレゼントや、寄付のために使ってください」

　研究チームは、その日の夕方に参加者全員に電話して、今感じていることを聞きました。

　結果は、**5ドルでも20ドルでも、【B】「他者のために使う」ほうが、【A】「自分のために使う」よりも強い幸福感を感じていました。**

何を与えるかを「具体的」にすると、より幸福感を感じやすい

　しかし、人に与えることは予想以上に大変です。

　相手が期待しているほど喜んでくれないときは、たとえ100％善意の気持ちでも、ショックを感じてしまうこともあるでしょう。

　でも安心してください。

　このショックを小さくするコツがあります。

　2014年、スタンフォード大学の社会心理学者ジェニファー・アーカーらは、素敵な研究を発表しました。

　研究チームは、543名の参加者に向けて、「誰かのためにお

こなった行動」と、「そこから得られた幸福感」を調査しました。

　その結果、**与える側の目標が「より具体的」なほうが、幸福度を感じやすい**ことがわかりました。

　これは、行動する前の「期待」と、実際の「結果」との間のギャップが小さくなり、失望することが減るからです。

　たとえば、骨髄移植に関する実験では、参加者は次の2種類の目標を立てました。

【A】自分の骨髄を提供するかどうか考える
【B】ドナーを見つけるお手伝いをする

　結果として、**より具体的な【B】の目標の参加者のほうがより幸せを感じていました。**

　いかがでしたか？

　貢献の気持ちがある方ほど、与える目標は「世界平和」など壮大なものになりがちです。

　でも、抽象度が高い目標ほど現実とのギャップにつまずき、何もできなくなる可能性があります。

　実際に相手に何かをしているシーンがしっかり浮かぶほど、具体的なものにしましょう。

　たとえば、「○○さんの夕方の買い物の付き添いをする」など。幸せへの道筋は、そんな具体的な1歩から見えてきますよ。

私は仲間とカンボジアに学校を建てたことがあります。現地まで、彼らに会いに行きました。そのとき、サッカーボールや文房具などを持っていきました。

　そして「夢を叶えるにはこうしたらいいよ」という簡単なスピーチもさせていただきました。

　また、交換留学生3人を、それぞれ違う時期に家にホームステイさせることをしました。その喜びは言うまでもありませんでした。

　ただ寄付するだけのほうがカンタンですが、こちらのほうが楽しく、心に残る交流となりました。

32 » 仕事や学業の憂鬱を減らしてくれるものは……

✕ **休んだあとのスッキリ感**

◯ **次の休みへのワクワク感**

「**月曜日は憂鬱だ**」

多くの方が感じたことがあるでしょう。

でも、少し考えてみると、土日2日も休んでいるので、月曜日は一番心身ともに充電されているはずです。

こうしたパラドックスを入り口に、「休みの効果」を最大限高める方法を見ていきましょう。

もっとも憂鬱なのは 月曜日か、金曜日か？

2021年、イスラエルのハイファ大学のシャニ・ピンデックらは、139名の社会人の協力のもと、土日に休んだあとの平日5日間の仕事への感じ方のリズムを研究しました。

その結果、**充分休んだあとのはずの「月曜日」が、もっとも「仕事の満足度」が低く、もっとも「職場の制約・不足」や「人間関係のイラつき」に敏感になっていた**ことがわかりました。

普通は、疲れがたまる週後半のほうが、こうした感じ方をしそうですよね。

研究チームは、この現象の理由を「資源配分」の問題としています。

月曜日は、もっとも次の休みまで遠い日です。すると、嫌なことがあっても、リフレッシュできる機会まで長く待つ必要があるので、かえってストレスを大きく感じてしまうのです。

一方で金曜日あたりになれば、何か嫌なことがあってもすぐに休みでリカバリーできるので、逆にストレスの感じ方は小さくなるのです。

身体の負担は「休むこと」で、心の負担は「休みへの期待」で減る

研究チームは企業への提言として、次の2点をあげています。

(1)「ウェルネスプログラム」や「癒しのある福利厚生」をおこなう場合は、週の始まり（月曜日あたり）におこなうこと

(2)「新しい規則の発表」や「負荷が多い仕事の依頼」は、週の終わり（金曜日あたり）にすること

とても合理的ですよね。

身体の負担は「休むこと」で減りますが、心の負担は「休みへの期待（ワクワク感）」で減ります。

この仕組みを利用して、週間計画を立ててみましょう。

33 » テストや審査の振り返りをするベストタイミングは……

✕ 次の勉強の再開時

○ テスト終了直後

　誰でもテストで失敗したことは一度や二度、あることでしょう。そんなときは当然、反省します。

「なんでもっと勉強しなかったんだろう」
「次こそはちゃんとやろう」

　しかし、日が経つと、それも忘れてまたテスト直前で焦り、同じように悔しい思いをするのです。
　反省は痛いものです。ネガティブなものです。
　でも、**ある方法で反省すれば、とたんに最強のモチベーションの源泉になります。**

　2017年、イリノイ大学の研究チームはとても意義のある研究を発表しました。
　同大学の「栄養学」コースの学生79名の協力のもとに、こんな実験をしました。
　試験終了直後に、次の質問に答えてもらいます。

【質問1】どのような準備をして試験に臨みましたか？

【質問2】試験では、どのようなタイプの問題がもっとも難しかったですか?

【質問3】次の試験に向けて、あなたの学習習慣をどのように変えようと思いますか?

このように、自己評価と改善案を記入してもらうのです。

そのほかにも「何日前から勉強したか?」「何時間勉強したか?」「(前回の)予想得点と実際の得点」などをたずねる欄もありました。

さらに2回目、3回目の調査については、自分の学習戦略を自由記述で振り返る欄も設けられました。

研究チームは、3回の調査の結果を分析して、次のことを発見しました。

(1) 中間レベルの学力の学生がとくに成績が上がった

このような試験ごとの学習戦略の見直しでもっとも成績を上昇させたのは、A〜Cの3段階の学力レベルのなかの、中間レベルB層でした。

(2) 試験の平均点が低い学生ほど、自分の成績を過大評価していた

これとは逆に、平均点の高い学生は、過小評価していました。

このように「ある課題をできない人ほど、自分を他人より優れていると思い込み、うまくこなせる人ほど、自分は他人より劣っていると思っている」という現象は、ダニング=クルーガ

ー効果と呼ばれています。

（3）試験の準備が前倒しになり、勉強時間が増えた

じつに85％の学生が、最終的には勉強時間を増やしたと回答しました。とくに試験1週間以上前から準備をする学生の割合は、2回目の試験では3倍に、3回目の試験では7倍になりました。また平均学習時間も5時間→7時間→8時間と試験ごとに増えていきました。

（4）88％の学生が、すべての回で試験の解き直しをおこなった

復習としては最適なことです。最終的には72％の学生が、この試験用紙を使った振り返りが役立ったと証言しました。

このように、何かの結果について自己評価し、戦略目標を設定しなおすプロセスを「メタ認知スキル」と言います。

・自分はどんな準備をしたか？
・その上で、どこが弱点だったか？
・今回のできをふまえて、今後の学習習慣をどう変えるか？

こうした質問を「**試験の直後に**」**自分で問いかける**ことにより、モチベーションにつながり、その後の取り組みが変わっていきます。社会人であればテストのみならず、日々の仕事にも応用できる方法です。ぜひ試してみてください。

176

34 » 1年の後半に「今年も何もしなかったなぁ」と焦ったら……

× 今すぐ目標を立てて、年内残りの日数でがんばる

○ 目標を立てるのは来年年始、それまでは整理をする

「あぁ、今年も終わってしまう」

毎年、夏を過ぎたころから感じますよね。「思えば何もしていなかったなぁ」「去年と比べても進化していなかったなぁ」と焦ることもあるでしょう。

そんなとき、あなたは次のどちらを選択しますか?

(1) **年内の残りの期間で、何か目標を立ててがんばってみる**
(2) **年内は割り切って、来年の年始めから新しい目標を立て**てがんばってみる

多くの方は(1)の選択肢に好感を持つでしょう。「開き直らず、あきらめない姿」はたしかに素敵です。でも、実際の目標の実行継続率からみると、どうでしょうか?

誰もが持つ人生の開き直り「フレッシュ・スタート」効果

2002年、スクラントン大学のジョン・C・ノークロスらはこんな研究を発表しました。

「**年始に立てた習慣についての目標は、結局どれくらい継続できるのか？**」

対象となったのは、次の2つのグループです。

【A】年始にきちんと目標を立てた
【B】目標を立てるのをあとまわしにした

半年後の調査では驚きの事実がわかりました。

なんと**年始に目標を立てた【A】のほうが、時期をあとまわしにした【B】よりも11倍も、自分が目標にした習慣を継続していた**のです。じつに11倍です。

なぜ、このような現象が起きるのでしょうか？

ペンシルベニア大学のヘンチェン・ダイらは、こうした現象を「**フレッシュ・スタート効果**」と名づけています。

1年のなかには「節目」となる特別な日があります。

こうした「節目」の日を迎えると、私たちはとても新鮮で前向きな気持ちになります。過去のことは「もう終わったこと」として水に流して、「さあ、今からだ！」と気分も一新し、白紙の状態で挑む決意がわいてきます。

実際は前日から何も状況が変わっていなくても、気持ちの上では「生まれ変わった」状態になれるのです。あなたも経験があるかもしれません。これほど、「節目」の日は強力なのです。

あらゆる宗教の説話に再生・浄化・転生の物語があるように、

178

人の心には常に「再出発」願望があります。

そして、数ある節目のなかでも「年の始め」は、社会全体が「再出発」をあと押しする空気になるのです。

だからこそ、**新しい目標を立てるのならば、いっそのこと、来年初頭にまわしたほうがいい**のです。

年始のスタートダッシュに向けて年内にするべきこと

「でも、年内の残りの日々はどうするの？　何もしないのは、もったいないでしょう？」

もちろん、その通りです。

そこで1つご提案したいのは、**年内の残りの日々を「整理」に使う**ことです。

物理的な片づけだけではありません。人間関係や仕事の方向性など、現在のあなたの状況を見直し、不要なものは手放していくことも含みます。

そうして身軽になればなるほど、来年初頭に新しい目標が立てやすくなり、かつ実行もスムーズになりますよ。

35 ≫もし人生でやりたいことを全部やったと思えたら……

✕ 過去の選りすぐりの思い出だけを回想する

〇 さらに新しい夢を探す

「自分はもう『やりたいこと』はやり尽くしたから、今は望む夢はないよ」

講演や研修でたまに聞く声です。

素晴らしい人生ですよね。

でも、私はそんな方こそ、新しい夢を描くことをすすめています。ここではその理由をお伝えしましょう。

「最高の未来」のイメージは、目の前の問題への活力を与えてくれる

2014年、カンザス大学のマーク・J・ランドーらは、こんな研究を発表しました。

大学の新入生71名を次の2グループに分けます。

【A】最高の未来を想像してもらう

「最高学年時に、学業面で大成功した自分」を鮮明に想像し、言語化してもらいます。

たとえば「金融の学位を得て、インターンシップもうまくいき、達成感とさらなる向上心を感じている」などです。

次に、その最高の自分に向けて、学年ごとに段階的に浮かんだ理想の自分像を短文で表現してもらいます。

【B】最高の過去を思い出してもらう

　高校3年間の学習成果でうまくいったものを鮮明に思い出し、言語化してもらいます。

　たとえば「クラスでトップ10に入って、とても誇りに思った」などです。なお、実際の成績も書いてもらいます。

　このあとで、参加者は50個のめんどくさい計算問題を5分間、できるだけたくさん解いてもらいます。

　結果は、面白いものでした。

　問題の平均解答率は、**最高の未来を想像した【A】のほうが、最高の過去を思い出した【B】よりも約31％も高かった**のです。

生涯、大きな夢を描いた 日本一の個人投資家

　実際に私がお会いした大成功者も、常に学びを求め、「成長」と「貢献」に邁進されていました。

　とくに思い出されるのが、**日本一の個人投資家で、竹田製菓の創業者である故・竹田和平さん**です。

　私は、理想の未来の姿を絵や写真で表現して、コルクボードに貼り、それを眺めながら日々未来の自分と対話するという夢実現法「宝地図」メソッドをお伝えしていますが、和平さんも

第5章 Progress 時間と共に「成長」する自分へ

この宝地図に大いに興味を示され、出版社のご紹介でお会いすることができました。

当時の私は大変恐縮しました。なにしろ、日本一の大富豪・成功者に「夢実現」の方法を語るのですから。

しかし、和平さんの学びへの志は深く、のちに「これが僕の宝地図だよ」と、ご自身の夢である1万坪の施設を模した立体状の宝地図を見せていただきました。コルクボードに写真を貼るだけより、立体模型にしたほうがずっと未来のイメージが明確になるので、「ここまでされるのか！」と驚嘆したことを昨日のように思い出します。

人生には未知の難題は尽きません。そのときに、「過去の輝かしい記憶」が自信になることもあります。
でも、それ以上に活力をくれるのが、この先に待つ最高の未来のイメージなのです。ぜひ、夢をアップデートしていきましょう。

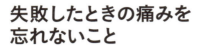

36 » 失敗体験を時間のムダにせず、未来につなげるには……

× 失敗したときの痛みを忘れないこと

○ 心のなかで成功経験に書き替えること

「世の中には『成功者』と『失敗者』がいる」

格差社会が叫ばれるなか、多くの方が信じていることです。
でも、私は違う見方をしています。
40年間、数万人の人生を観察してきて確信しているのは、結局、人間は次の2種類しかいないということです。

（1）**失敗と成功を繰り返しながら、生涯前進し続ける人**
（2）**一度の失敗で立ち止まったまま、人生を終える人**

もし、あなたが（1）を目指したいならば、本節は大きなヒントになるでしょう。

過去は書き替えるもの

まず、両者を分けるものは何でしょうか？
それは「**失敗したときの在り方**」です。
多くの人は、失敗を振り返るときに自分を責めたり、批判を

します。

「なんてバカなことをしたんだろう……」「あのとき、なんであれをしなかったのだろう……」というように。

「失敗したときの悔しさを忘れるな！」と指導する人もいますよね。

でも、これは科学的にはいい方法ではありません。

私たちは過去の経験をもとに、将来の行動を選択します。

ある行動を心のなかで繰り返すと、将来その行動を実際に選択する可能性が上がります。

つまり、**「あんなことをしなければよかった！」と自分を責め続けることは、脳内ではその「したくなかった」ことを繰り返しリハーサルしているのと同じこと**なのです。

本来ならば、「こうすればよかった！」という前向きなことを繰り返すべきです。

では、具体的にどうすればいいのでしょうか？

2014年、サンフランシスコ州立大学の研究チームは**「失敗を成功に書き替える」画期的なプロセス**を発表しました。

このプロセスにより、失敗しても自分を責めることなく、「ありのままの自分」と「起こったできごと」を受容して力に変えることができます。

その手順を説明しましょう。

【ステップ1】

後悔や葛藤を感じている過去の行動を思い浮かべます。

【ステップ2】

まず「その時点の自分の能力や環境の範囲ではベストな選択であり、あのように振る舞うしかなかった」と過去の自分を受け入れます。

【ステップ3】

次に「成長して知恵のある今の自分だったら、どんな違ったやり方ができたのだろうか」と問いかけます。

【ステップ4】

ここからいよいよ、過去を書き替えます。過去の状況に戻って、今持っている知恵を使って、当時はできなかった行動をしている自分を強くイメージします。コツは、五感全部を使って、より深くイメージのなかに没頭することです。

【ステップ5】

過去を書き換え、乗り越えた自分を笑顔で祝福しましょう。

「タイムスリップをして、過去の自分を救う」というSF物語はたくさんありますが、それを心のなかでおこなうのです。とても面白いですよね。

研究チームは、70名の学生の一部に、このプロセスを数週

間試してもらいました。

　結果として、**プロセスを試した学生は、そうでない学生より
も、自覚する生産性やエネルギーが3倍以上も上昇し、ものご
とを先延ばしにすることが半分以下になりました。**

　参加者の多くは、失敗を成功に書き替えれば書き替えるほど、
力がわいてきて、「やってみるぞ！」という意欲が高まったと
証言しています。

大学時代の後悔が導いた、65歳からの世界進出

　私の経験をシェアしましょう。
　私がずっと悔やみ続けていたことが「**英語学習**」です。
　大学は、上智大学という日本最古のカトリック大学に通って
いました。4年間、日本有数の外国語教育が受け放題の場所に
いたのです。
　しかし、当時はそのありがたさがわからず、バイトや遊び中
心のキャンパスライフをおくっていました。

　のちに能力開発・自己啓発の世界に入ってはじめて、「英語」
の大切さを痛感しました。
　もちろん、国内で講座や出版をする分には支障はありません。
しかし、最先端の情報や技法の多くはアメリカを中心とした欧
米で生まれるものが多く、それらを身につけるには誰かが翻訳

してくれるのを待つしかありませんでした。

　もし自分がもっと「英語」ができたら、より多くのことを早く学べていたはずです。

　それどころか、世界を股にかけた講演もできたでしょう。
　年を重ねるにつれ、しみじみそう思うようになりました。
　そこで、私は過去を書き替えることにしました。

「もし、今の私が大学時代に戻って、英語を学ぶとしたら、どんなアプローチをするだろうか？」

　答えは、「自分が人生をかけて追求してきたものを『英語』で世界に発表する」というものでした。

　思えば大学生のころは、英語で世界に向けて伝えたいメッセージなんてありませんでした。だから本気で学ばなかったのも仕方がなかったのです。
　ありがたいことに今は、たくさんあります。
　ということは、いつだって「今」が英語学習のベストタイミングなのです。
　そう思うと、心からエネルギーがわいてきました。

　すると、新しいチャンスが巡ってきました。
　「TEDx」という、世界にメッセージを発信する舞台に登壇する機会をいただいたのです。
　私は自分を救ってくれた世界的健康法「レイキ」をテーマに、

専門のトレーナーについて、約7分間の英語スピーチを特訓しました。

そして2023年、65歳でTEDxスピーチをし、**登録者4060万人の世界規模のYouTubeチャンネルで放映され、これまで100万回以上再生されています**（数値は2024年4月末時点のもの）。

私はこの体験を機に、世界に進出する夢を描くようになり、今も着実に進めています。60代からの世界進出にワクワクしています。

あなたの過去への後悔が根深いものであればあるほど、それは未来の成功の種になりうるのです。

ぜひ、今のあなたの視点で、失敗を成功へと書き替えていきましょう。

あなたの旅立ちを祝福して、本書を終えたいと思います。

失敗を成功に書き替える5ステップ

ステップ①
後悔や葛藤を感じている過去の行動を思い浮かべる

ステップ②
その過去の自分を受け入れる

あのときの能力や環境では、あれがベストだったよ！

ステップ④
「できた自分」を強くイメージ

過去の状況に戻って、今の知恵を使いできるようになった自分をイメージ

ステップ③
自分に問いかける

「成長した今の自分なら、どんな違ったやり方ができたかな？」

ステップ⑤
乗り越えた自分を笑顔で祝福

タイムスリップして、自分を救ってあげよう！！

第5章まとめ

- ◎ 行動の先延ばしは、「生活空間のモノの多さや散らかり」に影響される

- ◎ 何歳になっても新しい体験をしてみる

- ◎ 「何もしない」ことを楽しむ時間を持つ

- ◎ ワンコインでもいいから寄付をしてみる

- ◎ 心の負担は「休みへの期待感」で減る

- ◎ 仕事やテストの振り返りは、本番直後にする

- ◎ 「フレッシュ・スタート」効果を使う

- ◎ 最高の未来をイメージする

- ◎ 失敗を成功に書き換える5ステップをおこなう

本書の執筆中、常に横に置いていた
1篇の物語があります。

時の商人

その商人は時を売っていた。

「いらっしゃいませ。
時はいかがでしょうか?
1分から承ります」

ある男は商人から1時間買った。
1時間買った男は、
それを読書の時間に使った。

ある女は1週間買った。
1週間買った女は、
それを海外旅行に使った。

「10年欲しいのだがね」

ある老人は商人に聞いた。

「お客様、10年だと、すこし値がはりますが」
「かまわん、10年ぶんよこせ」

10年買った老人は、
それを病気の妻に譲った。

※引用「宝石時計長野」2005年ポスター（コピーライター／松田正志）

大切な時間（＝命）を、
あなたはどう使いますか？

あとがき

「本当の時間術」を
学んだ先にあるもの

「あなたにとって大切なことを、大切にする」

　ここまでお伝えしてきた時間術を通して、あなたの人生の持ち時間は、大きく増えることでしょう。

　では、その増えた時間を何に使いますか？
　私のおすすめは「**自分以外の大切な人のために使う**」ことです。前ページの「時の商人」の物語は、そのことをお伝えしたくて、引用させていただきました。

　あらためて、本書を最後までお読みいただきありがとうございました。

　67歳になってやっと気づくことができました。
　今の自分があるのは、数え切れない人々が私のために時間を使って、与えてくれていたという事実です。
　誰かが命を削ってくれたから、今日まで私の命が続いてきたのです。
　本書は、そんな方たちへの恩返しを込めて書かせていただい

た1冊です。**あなたと、あなたの大切な人の人生を見つめるきっかけになれば幸いです。**

　最後になりましたが、本書の出版までに本当に多くの方々にお世話になりました。

　とくに前作『何歳からでも結果が出る　本当の勉強法』に続き、企画から編集に至るまで最高のサポートをいただきました小寺裕樹編集長をはじめとした、すばる舎のみなさま。
　企画案から、文献の調査や原稿の完成まで共に進めてくれたヴォルテックス企画開発部の岡孝史さん、山野佐知子さんには感謝でいっぱいです。

　そして、私と一緒に多くの人の可能性を広げていくことにエネルギーを注ぎ続けてくれている望月俊亮、神戸正博さん、遠藤隆弘さん、望月千恵子を筆頭とするヴォルテックスのスタッフに心より感謝申し上げます。

望月俊孝

参考文献

【第1章】

Zhu, Meng. et al. The mere urgency effect. Journal of Consumer Research. 2018, 45(3), 673–690.

Clear, James. "The Ivy Lee Method: The Daily Routine Experts Recommend for Peak Productivity". James Clear. https://jamesclear.com/ivy-lee, (cited 2024-09-01)

グレッグ・マキューン.『エッセンシャル思考　最小の時間で成果を最大にする』高橋璃子訳. かんき出版, 2014, 320p.

Okada, T.; Ishibashi, K. Imitation, Inspiration, and Creation: Cognitive Process of Creative Drawing by Copying Others' Artworks. Cognitive Science. 2017, 41(7), 1804-1837.

ロン・フリードマン.『リバース思考　超一流に学ぶ「成功を逆算」する方法』南沢篤花訳. かんき出版, 2023, 384p.

Mehr, Katie S. et al. Copy-Paste Prompts: A New Nudge to Promote Goal Achievement. Journal of the Association for Consumer Research. 2020, 5(3) , 329–334.

Eysenck, Michael W. et al. Anxiety and cognitive performance: Attentional control theory. Emotion. 2007, 7(2), 336–353.

クリス・ベイリー .『CALM YOUR MIND　心を平穏にして生産性

を高める方法』児島修訳. 朝日新聞出版, 2023, 368p.

LaFreniere, Lucas S.; Newman, Michelle G. Exposing Worry's Deceit: Percentage of Untrue Worries in Generalized Anxiety Disorder Treatment. Behavior Therapy. 2020, 51(3), 413-423.

Higgins, Raymond L. et al. SelfHandicapping: The Paradox That Isn't. Plenum Press, 1990, 292p.

Takeuchi, Hikaru. et al. Anatomical correlates of self-handicapping tendency. Cortex. 2013, 49(4), 1148-1154.

Olivola, Christopher Y. The interpersonal sunk-cost effect. Psychological Science. 2018, 29(7), 1072–1083.

松原知基. ""「コンコルド効果」と「国の威信」…隘路の三菱スペースジェット". 読売新聞オンライン. https://www.yomiuri.co.jp/column/economy02/20201102-OYT8T50084/, (参照2024-09-01).

Vozza, Stephanie. "Why quitting on time is key to winning at work". Fast Company. https://www.fastcompany.com/90796928/why-quitting-on-time-is-key-to-winning-at-work, (cited 2024-09-01).

The Fearless Company. "The Power of Quitting". TRANSCEND. https://transcendculture.co/the-power-of-quitting/, (cited 2024-09-01).

Sharif, Marissa A. et al. Having Too Little or Too Much

Time Is Linked to Lower Subjective Well-Being. Journal of personality and social psychology. 2021, 121(4), 933-947.

Rodin, Judith.; Langer, Ellen. Long-Term Effects of a Control-Relevant Intervention with the Institutionalized Aged. Journal of personality and social psychology. 1977, 35(12), 897-902.

Sherman, Gary D. et al. Leadership is associated with lower levels of stress. Proc. Natl. Acad. Sci. USA. 2012, 109(44), 17903-17907.

【第2章】

Masicampo, E. J.; Baumeister, Roy F. Consider it done! Plan making can eliminate the cognitive effects of unfulfilled goals. Journal of personality and social psychology. 2011, 101(4), 667- 683.

Milne, Sarah. et al. Combining motivational and volitional interventions to promote exercise participation: Protection motivation theory and implementation intentions. British Journal of Health Psychology. 2002, 7(2), 163-184.

Milkman, Katherine L. et al. Using implementation intentions prompts to enhance influenza vaccination rates. Proc. Natl. Acad. Sci. USA. 2011, 108 (26), 10415-10420.

クリストファー・コックス.『締め切りを作れ。それも早いほどいい。

時間と質を両立する仕組み』斎藤栄一郎訳. パンローリング, 2022, 336p.

Swann, Christian.; Goddard, Scott. "Let it happen or make it happen? There's more than one way to get in the zone". The Conversation. https://theconversation.com/let-it-happen-or-make-it-happen-theres-more-than-one-way-to-get-in-the-zone-149173, (cited 2024-09-01).

堀江宏樹.『偉人の年収』イースト・プレス, 2022, 240p.

Cherry, Kendra. "What Is Parkinson's Law?". Verywell Mind. https://www.verywellmind.com/what-is-parkinsons-law-6674423, (cited 2024-09-01).

Ariely, Dan.; Wertenbroch, Klaus. Procrastination, Deadlines, and Performance: Self-Control by Precommitment. Psychological Science. 2022, 13(3), 219-224.

Liu, Wendy.; Aaker, Jennifer L. The Happiness of Giving: The Time-Ask Effect. Journal of Consumer Research. 2008, 35(3), 543-557.

D'Argembeau, A. et al. Frequency, characteristics and functions of future-oriented thoughts in daily life. Applied Cognitive Psychology. 2011, 25(1), 96–103.

Newby-Clark, I. R. et al. People focus on optimistic scenarios and disregard pessimistic scenarios when predicting task completion times. Journal of Experimental Psychology. 2000, 6(3), 171-182.

クラウディア・ハモンド.『脳の中の時間旅行　なぜ時間はワープするのか』渡会圭子訳. インターシフト, 2014, 304p.

Tabak, Lawrence. "If Your Goal Is Success, Don't Consult These Gurus". Fast Comyany. https://www.fastcompany.com/27953/if-your-goal-success-dont-consult-these-gurus, (cited 2024-09-01).

Galas, Laura. "Where can I find information on Yale's 1953 goal study?". Yale University Library. https://ask.library.yale.edu/faq/175224?, (cited 2024-09-01).

Matthews, Gail. "The Impact of Commitment, Accountability, and Written Goals on Goal Achievement". Domincan Scholar. https://scholar.dominican.edu/psychology-faculty-conference-presentations/3/,(cited 2024-09-01).

Alter, Adam L.; Hershfield, Hal E. People search for meaning when they approach a new decade in chronological age. Proc. Natl. Acad. Sci. USA. 2014, 111(48), 17066-17070.

【第3章】

Niemiec, Christopher P. et al. The Path Taken: Consequences of Attaining Intrinsic and Extrinsic Aspirations in Post-College Life. Journal of Research in Personality. 2009, 73(3)

291–306.

ジョーナ・バーガー．『インビジブル・インフルエンス　決断させる力』吉井智津訳. 東洋館出版社, 2016, 368p.

ジェームズ・クリアー．『ジェームズ・クリアー式　複利で伸びる1つの習慣』牛原眞弓訳. パンローリング, 2019, 328p.

テレサ・アマビール, スティーブン・クレイマー．『マネジャーの最も大切な仕事　95%の人が見過ごす「小さな進捗」の力』中竹竜二監訳. 樋口武志訳. 英治出版, 2017, 388p.

スティーブン・ジョンソン．『イノベーションのアイデアを生み出す七つの法則』松浦俊輔訳. 日経BP, 2013, 352p.

Marti, Sébastien. et al. Time-Resolved Decoding of Two Processing Chains during Dual-Task Interference. Neuron. 2015, 88(6), 1297-1307.

American Psychological Association. "Multitasking: Switching costs". American Psychological Association. https://www.apa.org/topics/research/multitasking, (cited 2024-09-01).

Craik, Fergus I. M.; Tulving, Endel. Depth of processing and the retention of words in episodic memory. Journal of Experimental Psychology. 1975, 104(3), 268-294.

Rogers, Robert D.; Monsell, Stephen. Costs of a predictable switch between simple cognitive tasks. Journal of

Experimental Psychology. 1995, 124(2), 207-231.

Watson, Jason M.; Strayer, David L. Supertaskers: Profiles in extraordinary multitasking ability. Psychonomic Bulletin & Review. 2010, 17, 479-485.

Sanbonmatsu, David M. et al. Who Multi-Tasks and Why? Multi-Tasking Ability, Perceived Multi-Tasking Ability, Impulsivity, and Sensation Seeking. PLoS One. 2013, 8(1), e54402.

Gordon, Sherri. "Want to Be More Productive? Use Time Blocking to Keep Your Days Stress-Free". Verywell Mind. https://www.verywellmind.com/how-to-use-time-blocking-to-manage-your-day-4797509, (cited 2024-09-01).

Wansink, Brian.; van Ittersum, Koert. Portion size me: plate-size induced consumption norms and win-win solutions for reducing food intake and waste. Journal of Experimental Psychology: Applied. 2013, 19(4), 320-332.

Smeets, Paul. et al. Time Use and Happiness of Millionaires: Evidence From the Netherlands. Social Psychological and Personality Science. 2020, 11(3), 295-307.

【第4章】
Lally, Phillippa. et al. How are habits formed: Modelling habit formation in the real world. European Journal of Social

Psychology. 2010, 40(6), 998–1009.

Lopez, Gregory. "Want to form some new daily habits? We ran a massive study to explore which techniques work best". ClearerThinking. https://www.clearerthinking.org/post/2019/12/23/want-to-form-some-new-daily-habits-we-ran-a-massive-study-to-explore-which-techniques-wor, (cited 2024-09-01).

Kaushal, Navin.; Rhodes, Ryan E. Exercise habit formation in new gym members: a longitudinal study. Journal of Behavioral Medicine. 2015, 38(4), 652-663.

オリバー・バークマン.『限りある時間の使い方　人生は「4000週間」あなたはどう使うか?』高橋璃子訳. かんき出版, 2022, 304p.

Rothbard, Nancy P.; Wilk, Steffanie L. Waking up on the right or wrong side of the bed: Start-of-workday mood, work events, employee affect, and performance. Academy of Management Journal. 2011, 54(5), 959-980.

クリスティー・アシュワンデン.『Good to Go　最新科学が解き明かす、リカバリーの真実』児島修訳. 青土社. 2019, 320p.

ケビン・クルーズ.『1440分の使い方　成功者たちの時間管理15の秘訣』木村千里訳. パンローリング. 2017, 259p.

Sasaki, Nobunari. et al. Violet light modulates the central nervous system to regulate memory and mood.

Cold Spring Harbor Laboratory. 2021, doi: https://doi.org/10.1101/2021.11.02.466604, (cited 2024-09-01).

Jiang, Xiaoyan. et al. Violet light suppresses lens-induced myopia via neuropsin (OPN5) in mice. Proc. Natl. Acad. Sci. USA. 2021, 118(22).

山梨の目医者. "バイオレットライトとニューロプシン (Opn5)". 目医者情報. https://meisha.info/archives/2046, (cited 2024-09-01).

Wright, Kenneth P. "Relationship between alertness, performance, and body temperature in humans". Am J Physiol Regul Integr Comp Physiol. 2002, 283(6), 1370-1377.

ヴィム・ホフ,コエン・デ=ヨング.『ICEMAN　病気にならない体のつくりかた』小川彩子訳. サンマーク出版, 2018, 198p.

やま.『うつゼロシャワー　～ 25年うつ人生を乗り越えた「ふくらはぎシャワー」のススメ』やま出版, 2021, 66p.

Emmons, Robert A.; McCullough, Michael E. Counting blessings versus burdens: an experimental investigation of gratitude and subjective well-being in daily life. Journal of Personality and Social Psychology. 2003, 84(4), 377-389.

Telegraph Media Group. "Reading 'can help reduce stress'". The Telegraph. https://www.telegraph.co.uk/news/health/news/5070874/Reading-can-help-reduce-stress.html, (cited 2024-09-01).

Corley, Tom. "16 Rich Habits". SUCCESS. https://www.success.com/16-rich-habits/, (cited 2024-09-01).

Lavie, Nilli.; Fox, Elaine. The role of perceptual load in negative priming. J Exp Psychol Hum Percept Perform. 2000, 26(3), 1038-1052.

Harackiewicz, Judith M.; et al. Closing achievement gaps with a utility-value intervention: Disentangling race and social class. Journal of Personality and Social Psychology. 2016, 111(5), 745-765.

ダニエル・ピンク. 『When　完璧なタイミングを科学する』勝間和代訳. 講談社, 2018, 317p.

WB&A Market Research. 2006 sleep in America poll. National Sleep Foundation. https://www.thensf.org/wp-content/uploads/2021/03/2006-SIA-summary_of_findings.pdf, (cited 2024-09-01).

越川慎司. 『仕事は初速が9割』クロスメディア・パブリッシング, 2023, 256p.

Mental Health Foundation. "Work-life balance". Mental Health Foundation. https://www.mentalhealth.org.uk/explore-mental-health/a-z-topics/work-life-balance, (cited 2024-09-01).

Danziger, Shai. Extraneous factors in judicial decisions. Proc.

Natl. Acad. Sci. USA. 2011, 108(17), 6889-6892.

ジュリエット・ファント.『WHITE SPACE ホワイトスペース　仕事も人生もうまくいく空白時間術』三和美矢子訳. 東洋経済新報社, 2022, 360p.

クリスティーン・ポラス.『Think COMMUNITY「つながり」こそ最強の生存戦略である』早野依子訳. PHP研究所, 2022, 368p.

Albulescu, Patricia. et al. "Give me a break!" A systematic review and meta-analysis on the efficacy of micro-breaks for increasing well-being and performance. PLoS One. 2022, 17(8).

Kim, Sooyeol. et al. Micro-break activities at work to recover from daily work demands. Journal of Organizational Behavior. 2016, 38(1), 28-44.

PsychGuides.com. "Signs and Symptoms of Cell Phone Addiction". PsychGuides.com. https://www.psychguides. com/behavioral-disorders/cell-phone-addiction/signs-and-symptoms/, (cited 2024-09-01).

Weller, Chris. "Bill Gates and Steve Jobs Limited Screen Time for Their Kids". Business Insider. https://www. businessinsider.com/screen-time-limits-bill-gates-steve-jobs-red-flag-2017-10, (cited 2024-09-01).

Bhatia, Manjeet Singh. Cell Phone Dependence　—a new

diagnostic entity. Delhi Psychiatry Journal. 2008, 11(2), 123 – 124.

ブルース・デイズリー.『Google・YouTube・Twitterで働いた僕がまとめた ワークハック大全　仕事がサクサク終わってラクになれる科学的メソッド』児島修訳. ダイヤモンド社, 2020, 360p.

館農勝.「インターネット依存の新しいかたち：スマートフォン依存（スマホ依存）」精神神経学雑誌. 2019, 121(7), 525-525.

星友啓.『脳を活かすスマホ術　スタンフォード哲学博士が教える知的活用法』朝日新書, 2023, 216p.

Dolan, Paul. Happiness questions and government responses: A pilot study of what the general public makes of it all. Revue d'économie politique. 2011, 121(1), 3-15.

Gilbert, Daniel T. et al. Immune neglect: a source of durability bias in affective forecasting. Journal of Personality and Social Psychology. 1998, 75(3), 617-638.

Lyubomirsky, Sonja. et al. The benefits of frequent positive affect: does happiness lead to success?. Psychological Bulletin. 2005, 131(6), 803-855.

Goudreau, Jenna. "Are You Investing In The Happiness Advantage?". Forbes. https://www.forbes.com/sites/jennagoudreau/2010/10/26/are-you-investing-in-the-happiness-advantage/?sh=7574936e6983, (cited 2024-09-01).

Bryant, Fred B.; Veroff, Joseph. Savoring: A new model of positive experience. Psychology Press, 2006, 294p.

【第5章】

Ferrari, Joseph R. et al. Procrastinators and Clutter: An Ecological View of Living with Excessive "Stuff". Current Psychology. 2018, 37, 441-444.

Roster, Catherine A.; Ferrari, Joseph R. Does work stress lead to office clutter, and how? Mediating influences of emotional exhaustion and indecision. Environment and Behavior. 2020, 52(9), 923–944.

McMains, Stephanie.; Kastner, Sabine. Interactions of top-down and bottom-up mechanisms in human visual cortex. Journal of Neuroscience. 2011, 31(2), 587-597.

Webster, Mekissa. "Bridging the information Worker Productivity Gap in Western Europe: New Challenges and Opportunities for IT". IDC Analyze the Future. https://warekennis.nl/wp-content/uploads/2013/11/bridging-the-information-worker-productivity-gap.pdf, (cited 2024-09-01).

Hamilton, David R. "Why time speeds up as you age". David R Hamilton PHD from Ready Steady Websites. https://drdavidhamilton.com/why-time-speeds-up-as-you-age/, (cited 2024-09-01).

Bejan, Adrian. Why the Days Seem Shorter as We Get Older. European Review. 2019, 27(2), 187-194.

Mogilner, Cassie. et al. Giving Time Gives You Time. Psychological Science. 2012, 23(10), 1233-1238.

Lomas, Tim. A meditation on boredom: Re-appraising its value through introspective phenomenology. Qualitative Research in Psychology. 2017, 14(1), 1–22.

Gilbert, Daniel. Stumbling on Happiness. Knopf, 2006, 304p.

Dunn, Elizabeth. et al. Spending money on others promotes happiness. Science. 2008, 319(5870), 1687-1688.

Rudd, Melanie. et al. Getting the most out of giving: Concretely framing a prosocial goal maximizes happiness. Journal of Experimental Social Psychology. 2014, 54, 11-24.

Pindek, S. et al. Workdays are not created equal: Job satisfaction and job stressors across the workweek. Human Relations. 2021, 74(9), 1447-1472.

Gezer-Templeton, P. Gizem. et al. Use of Exam Wrappers to Enhance Students' Metacognitive Skills in a Large Introductory Food Science and Human Nutrition Course. Journal of Food Science Education. 2017, 16(1), 28-36.

Norcross, John C. et al. Auld lang syne: success predictors, change processes, and self-reported outcomes of New Year's resolvers and nonresolvers. Journal of Clinical Psychology. 2002, 58(4), 397-405.

Dai, Hengchen. et al. The fresh start effect: Temporal landmarks motivate aspirational behavior. Management Science. 2014, 60(10), 2563–2582.

Landau, Mark J. et al. The college journey and academic engagement: How metaphor use enhances identity-based motivation. Journal of Personality and Social Psychology. 2014, 106(5), 679–698.

Peper, Erik. et al. Increase Productivity, Decrease Procrastination, and Increase Energy. Biofeedback. 2014, 42(2), 82–87.

TEDx Talks. "Reiki - Amazing technique to express your love | Toshitaka Mochizuki | TEDxBorrowdale". Youtube. https://www.youtube.com/watch?v=Mdh8AZVkgXw, (cited 2024-09-01).

最後におさらい

科学が教えてくれる
時間の10個の事実

1 時間の使い方のうまい他人を真似すれば、うまくいく→P32

2 時間管理の最大の敵は、「不安」の感情→P41

3 自由時間は「2時間」が過ぎると楽しくなくなる→P55

4 期限は「最短」ではなく「最適」を目指せ！→P74

5 少しフライングして始めると、目標は達成しやすい→P97

6 人は、本質的には「マルチタスク」ができない→P105

7 「ToDoリスト」の項目は、最大でも4つまで→P132

8 「先延ばし」は、散らかった部屋のせい→P156

9 他人のために時間を使うと、時間が長く感じられる→P160

10 「退屈」には素晴らしい可能性がある→P164

『書籍で紹介できなかった秘訣』
読者限定
無料プレゼント

3大プレゼント

1. 著者特別講座「宇宙が応援してくれる時間術」

2. 著者特別講座「地球が応援してくれる時間術」

3. 著者特別講座「人類が応援してくれる時間術」

望月俊孝が本書未掲載の"幻の第0章"の内容を動画・音声で公開します！また、今後本書のような世界の最新研究と智慧などの有料級情報を定期的にお届けします。

下記のＱＲコードよりアクセスしてください

▼

https://www.takaramap.com/131/

※特典の配布は予告なく終了することがございます。
※音声解説はWEB上のみでの配信となります。
※このプレゼント企画は望月俊孝が実施するものです。プレゼント企画に関するお問い合わせは「vortex@takaramap.net」までお願いします。

著者プロフィール

望月俊孝 （もちづき・としたか）

昭和32年山梨県生まれ。上智大学卒。自身が時間管理に大いに悩んだ結果、10年以上にわたり「時間術」を研究。行動科学や心理学を応用し、成果に直結する時間管理を「本当の時間術」として体系化。ヴォルテックス代表。1冊15分で読めてリターンを最大化させる「4C読書法」、夢実現を加速するツール「宝地図」、世界に広がる癒し「レイキ」、セルフ・イメージを90分で書き換える「エネルギー・マスター」提唱者。国際レイキ普及協会主宰。主な著書に『心のお金持ちになる教科書』（ポプラ社）、『今すぐ夢がみつかり、叶う「宝地図」完全版』（主婦と生活社）、『未来へ導く 1%の人だけが知っている魔法の読書法』（イースト・プレス）、『人生の優先順位を明確にする1分マインドフルネス』（KADOKAWA）、『何歳からでも結果が出る本当の勉強法』（すばる舎）など43冊、著書累計100万部以上発行。7ヶ国語に翻訳出版。36歳のとき、借金6000万円を抱えリストラされるも、1年でV字回復。これまで学びに億単位の投資をしてきて、67歳を超えた今でも、新しい知識の吸収と自己成長が生きがい。

ムダがなくなり、すべてがうまくいく
本当の時間術
世界中の研究から導き出したタイムマネジメントの結論36

2024年10月23日　第1刷発行
2024年11月14日　第3刷発行

著　者　　　望月俊孝

発行者　　　徳留慶太郎
発行所　　　株式会社すばる舎
　　　　　　〒170-0013　東京都豊島区東池袋3-9-7 東池袋織本ビル
　　　　　　TEL　03-3981-8651（代表）　03-3981-0767（営業部）
　　　　　　FAX　03-3985-4947
URL　　　　https://www.subarusya.jp/

企画協力　　岡孝史／山野佐知子（ヴォルテックス企画開発部）
ブックデザイン　池上幸一
印刷・製本　　モリモト印刷

落丁・乱丁本はお取り替えいたします
©Toshitaka Mochizuki 2024　Printed in Japan
ISBN978-4-7991-1261-8